CLASSIQUES POUR TOUS

P. CORNEILLE

RODOGUNE — DON SANCHE

ÉDITION ANNOTÉE
Par Frédéric GODEFROY

Tome IV

PARIS
LIBRAIRIE DE LA SOCIÉTÉ BIBLIOGRAPHIQUE
MAURICE TARDIEU, DIRECTEUR
Rue de Grenelle, 35

1880

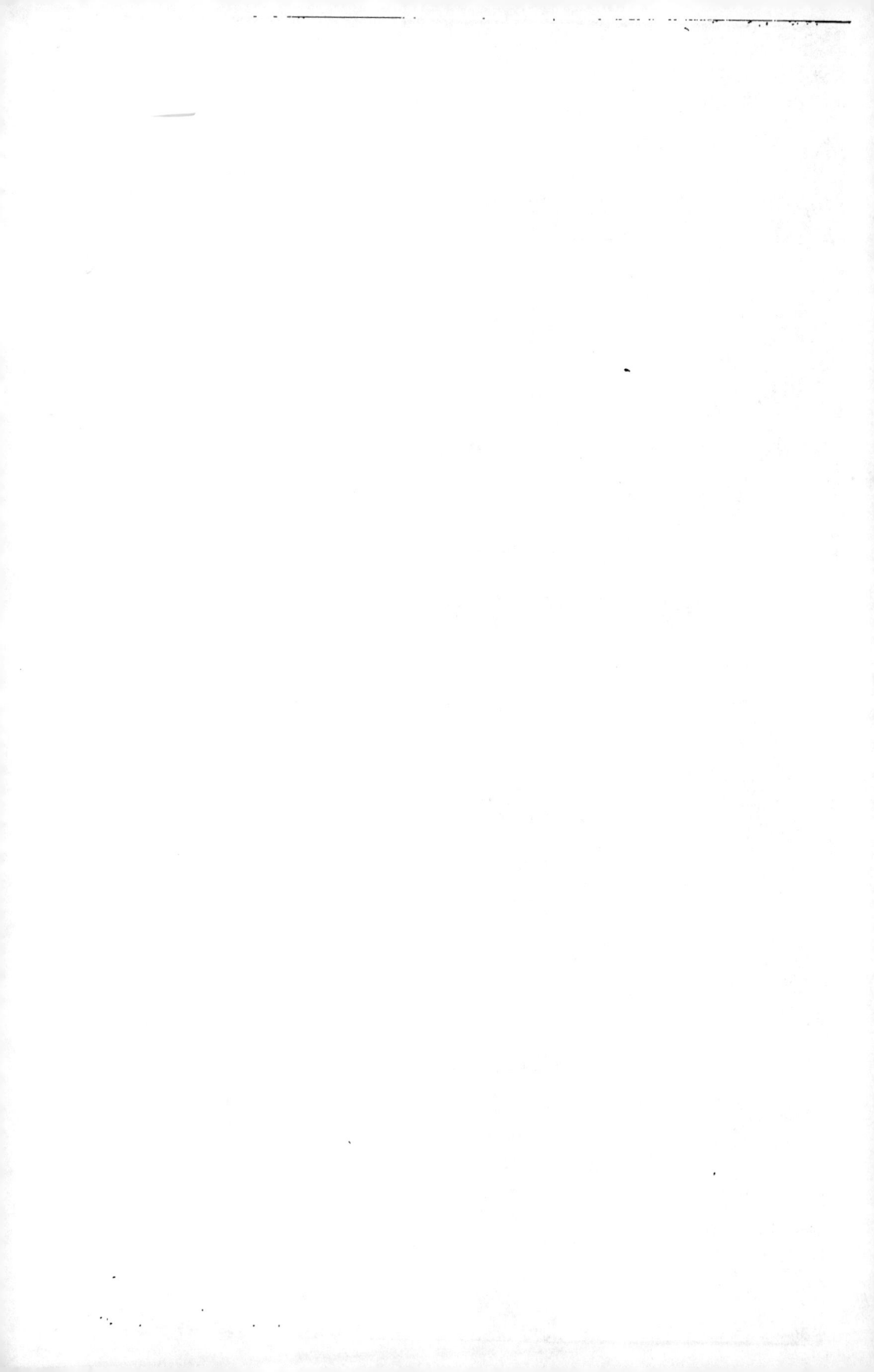

P. CORNEILLE

P. CORNEILLE

RODOGUNE — DON SANCHE

ÉDITION ANNOTÉE

Par Frédéric GODEFROY

Tome IV

PARIS

LIBRAIRIE DE LA SOCIÉTÉ BIBLIOGRAPHIQUE

MAURICE TARDIEU, DIRECTEUR

Rue de Grenelle, 35

1886

NOTICE SUR RODOGUNE

ETTE *tragédie revient au genre espagnol et au drame romanesque. « Le sujet en est grand et terrible, »* comme a dit *Voltaire, mais il ne présente qu'une longue suite d'atrocités sans causes, sans liaison, sans intérêt, sans vraisemblance. Deux princes s'y trouvent placés entre des furies altérées de sang, et courent sans cesse de l'une à l'autre sans savoir s'en défaire. On s'étonne, avec Lessing, de tant de niaiserie. Le caractère de Cléopâtre est atroce, jamais un seul mouvement de tendresse maternelle, jamais un seul remords n'est ressenti par cette mère qui veut faire périr ses deux fils pour faire périr sa rivale. Il n'y a de merveilleusement dramatique dans* Rodogune *que le tableau formé par le cinquième acte. Cette grande et tragique catastrophe est un des plus sublimes dénouements qui aient jamais été imaginés. Il n'a contre lui que l'invraisemblance. Le poète novateur y supprime l'éternel récit du dénouement des tragédies et met sous les yeux du spectateur une situation qui atteint les dernières limites de la terreur. C'est une mère, une reine que la jalousie, l'ambition et la rivalité poussent jusqu'à égorger un fils, à vouloir en faire périr un autre par le poison, pendant la cérémonie*

même de son mariage, et qui périt elle-même en
portant à ses lèvres la coupe fatale. Le succès prodi-
gieux de cette scène, a dit Voltaire, est une réponse
à tous ces critiques qui disent à un auteur : Ceci
n'est pas fondé, n'est pas préparé. L'auteur répond :
J'ai touché, j'ai enlevé le public. L'auteur a
raison tant que le public applaudit. Le lecteur, plus
difficile à satisfaire, est presque à chaque instant
choqué par les négligences d'un style qui n'est pour
ainsi dire plus cornélien.

Malgré tous ses défauts de fond et de forme,
Rodogune était la pièce que Corneille affectionnait
le plus de son répertoire. Il l'aimait en proportion
de ce qu'il avait mis de lui-même. « Elle me paraît
être, disait-il, un peu plus à moi que celles qui l'ont
précédée, à cause des incidents surprenants qui sont
purement de mon invention et n'avaient jamais été
vus au théâtre. »

C'est bien ici le cas de dire qu'il la voyait avec
les yeux d'un père, lesquels n'étaient ouverts que
sur les qualités de sa fille. En 1647, quand Rodogune fut imprimée, le public l'avait depuis six
mois oubliée.

RODOGUNE

PRINCESSE DES PARTHES

APPIAN ALEXANDRIN

AU LIVRE

DES GUERRES DE SYRIE, SUR LA FIN

ÉMÉTRIUS, surnommé Nicanor, roi de
Syrie, entreprit la guerre contre les
Parthes, et, étant devenu leur prisonnier, vécut dans la cour de leur roi
« Phraates, dont il épousa la sœur, nommée Rodo-
« gune. Cependant Diodotus, domestique des
« rois précédents, s'empara du trône de Syrie, et y
« fit asseoir un Alexandre encore enfant, fils
« d'Alexandre le bâtard, et d'une fille de Ptoloméc.
« Ayant gouverné quelque temps comme son
« tuteur, il se défit de ce malheureux pupille, et
« eut l'insolence de prendre lui-même la couronne,
« sous un nouveau nom de Tryphon qu'il se donna.
« Mais Antiochus, frère du roi prisonnier, ayant
« appris à Rhodes sa captivité, et les troubles qui
« l'avaient suivie, revint dans le pays, où, ayant
« défait Tryphon avec beaucoup de peine, il le fit
« mourir : de là il porta ses armes contre Phraates,
« lui redemandant son frère ; et, vaincu dans une

« bataille, il se tua lui-même. Démétrius, retourné
« en son royaume, fut tué par sa femme Cléopâtre,
« qui lui dressa des embûches en haine de cette
« seconde femme Rodogune qu'il avait épousée,
« dont elle avait conçu une telle indignation, que,
« pour s'en venger, elle avait épousé ce même
« Antiochus, frère de son mari. Elle avait eu
« deux fils de Démétrius, l'un nommé Séleucus,
« et l'autre Antiochus, dont elle tua le premier
« d'un coup de flèche, sitôt qu'il eut pris le diadème
« après la mort de son père, soit qu'elle craignît
« qu'il ne la voulût venger, soit que l'impétuosité
« de la même fureur la portât à ce nouveau parri-
« cide. Antiochus lui succéda, qui contraignit cette
« mauvaise mère de boire le poison qu'elle lui
« avait préparé. C'est ainsi qu'elle fut enfin
« punie. »

Voilà ce que m'a prêté l'histoire, où j'ai changé
les circonstances de quelques incidents, pour leur
donner plus de bienséance. Je me suis servi du
nom de Nicanor plutôt que de celui de Démétrius,
à cause que le vers souffrait plus aisément l'un
que l'autre. J'ai supposé qu'il n'avait pas encore
épousé Rodogune, afin que ses deux fils pussent
avoir de l'amour pour elle, sans choquer les spectateurs, qui eussent trouvé étrange cette passion
pour la veuve de leur père, si j'eusse suivi l'histoire.
L'ordre de leur naissance incertain, Rodogune
prisonnière, quoiqu'elle ne vînt jamais en Syrie,
la haine de Cléopâtre pour elle, la proposition
sanglante qu'elle fait à ses fils, celle que cette
princesse est obligée de leur faire pour se garantir,
l'inclination qu'elle a pour Antiochus, et la jalouse

fureur de cette mère qui se résout plutôt à perdre
ses fils qu'à se voir sujette de sa rivale, ne sont
que des embellissements de l'invention, et des
acheminements vraisemblables à l'effet dénatur
que me présentait l'histoire, et que les lois 3
poème ne me permettaient pas de changer. Je-
même adouci tant que j'ai pu en Antiochus,
j'avais fait trop honnête homme dans le resoir
l'ouvrage, pour forcer à la fin sa mère à s'er..la
sonner elle-même.

On s'étonnera peut-être de ce que j'ai donné à
cette tragédie le nom de *Rodogune* plutôt que
celui de *Cléopâtre*, sur qui tombe toute l'action
tragique ; et même on pourra douter si la liberté
de la poésie peut s'étendre jusqu'à feindre un sujet
entier sous des noms véritables, comme j'ai fait
ici, où, depuis la narration du premier acte, qui
sert de fondement au reste, jusques aux effets qui
paraissent dans le cinquième, il n'y a rien que
l'histoire avoue.

Pour le premier, je confesse ingénûment que ce
poème devait plutôt porter le nom de *Cléopâtre*
que de *Rodogune* ; mais ce qui m'a fait en user
ainsi a été la peur que j'ai eue qu'à ce nom le
peuple ne se laissât préoccuper des idées de cette
fameuse et dernière reine d'Égypte, et ne confondît
cette reine de Syrie avec elle, s'il l'entendait
prononcer. C'est pour cette même raison que j'ai
évité de le mêler dans mes vers, n'ayant jamais
fait parler de cette seconde Médée que sous celui
de la reine ; et je me suis enhardi à cette licence
d'autant plus librement, que j'ai remarqué parmi
nos anciens maîtres qu'ils se sont fort peu mis en

peine de donner à leurs poèmes le nom des héros
qu'ils y faisaient paraître, et leur ont souvent fait
porter celui des chœurs, qui ont encore bien moins
de part dans l'action que les personnages épiso-
« ques, comme Rodogune : témoin *les Trachi-*
« *enes* de Sophocle, que nous n'aurions jamais
« pu nommer autrement que *la Mort d'Her-*
« A.
« deir le second point, je le tiens un peu plus
difficile à résoudre, et n'en voudrais pas donner
mon opinion pour bonne : j'ai cru que, pourvu
que nous conservassions les effets de l'histoire,
toutes les circonstances, ou, comme je viens de
les nommer, les acheminements, étaient en notre
pouvoir ; au moins je ne pense point avoir vu de
règle qui restreigne cette liberté que j'ai prise. Je
m'en suis assez bien trouvé en cette tragédie ;
mais comme je l'ai poussée encore plus loin dans
Héraclius, que je viens de mettre sur le théâtre,
ce sera en le donnant au public que je tâcherai de
la justifier, si je vois que les savants s'en offensent,
ou que le peuple en murmure. Cependant ceux
qui en auront quelque scrupule m'obligeront de
considérer les deux *Électre* de Sophocle et
d'Euripide, qui, conservant le même effet, y
parviennent par des voies si différentes, qu'il faut
nécessairement conclure que l'une des deux est
tout à fait de l'invention de son auteur. Ils pourront encore jeter l'œil sur l'*Iphigénie in Tauris* (1),
que notre Aristote nous donne pour exemple d'une
parfaite tragédie, et qui a bien la mine d'être

(1) L'Iphigénie en Tauride.

toute de même nature, vu qu'elle n'est fondée que
sur cette feinte que Diane enleva Iphigénie du
sacrifice dans une nuée, et supposa une biche
en sa' place. Enfin, ils pourront prendre garde à
l'*Hélène* d'Euripide, où la principale action et les
épisodes, le nœud et le dénoûment sont entièrement inventés sous des noms véritables.

Au reste, si quelqu'un a la curiosité de voir
cette histoire plus au long, qu'il prenne la
peine de lire Justin, qui la commence au trente-
sixième livre, et, l'ayant quittée, la reprend sur
la fin du trente-huitième, et l'achève au trente-
neuvième. Il la rapporte un peu autrement, et ne
dit pas que Cléopâtre tua son mari, mais qu'elle
l'abandonna, et qu'il fut tué par le commandement d'un des capitaines d'un Alexandre qu'il lui
oppose. Il varie aussi beaucoup sur ce qui regarde
Tryphon et son pupille, qu'il nomme Antiochus,
et ne s'accorde avec Appian que sur ce qui se passa
entre la mère et les deux fils.

Le premier livre des *Machabées*, aux chapitres
11, 13, 14 et 15, parle de ces guerres de Tryphon
et de la prison de Démétrius chez les Parthes;
mais il nomme ce pupille Antiochus, ainsi que
Justin, et attribue la défaite de Tryphon à Antiochus, fils de Démétrius, et non pas à son frère,
comme fait Appian, que j'ai suivi, et ne dit rien du
reste.

Josèphe, au treizième livre des *Antiquités judaïques*, nomme encore ce pupille de Tryphon
Antiochus, fait marier Cléopâtre à Antiochus, frère
de Démétrius, durant la captivité de ce premier
mari chez les Parthes, lui attribue la défaite et la

mort de Tryphon, s'accorde avec Justin touchant
la mort de Démétrius, abandonné et non pas tué
par sa femme, et ne parle point de ce qu'Appian et
lui rapportent d'elle et de ses deux fils, dont j'ai
fait cette tragédie.

RODOGUNE

PRINCESSE DES PARTHES

TRAGÉDIE (1646)

PERSONNAGES.

CLÉOPATRE, reine de Syrie, veuve de Démétrius Nicanor.
SÉLEUCUS, } fils de Démétrius et de Cléopâtre.
ANTIOCHUS, }
RODOGUNE, sœur de Phraate, roi des Parthes.
TIMAGÈNE, gouverneur des deux princes.
ORONTE, ambassadeur de Phraate.
LAONICE, sœur de Timagène, confidente de Cléopâtre.

La scène est à Séleucie, dans le palais royal.

ACTE PREMIER

SCÈNE PREMIÈRE

LAONICE, TIMAGÈNE.

LAONICE

Enfin ce jour pompeux, cet heureux jour nous luit,
Qui d'un trouble si long doit dissiper la nuit (1);

(1) A ce magnifique début, qui annonce la réunion entre la
Perse et la Syrie, et la nomination d'un roi, etc., on croirait
que ce sont des princes qui parlent de ces grands intérêts (quoiqu'un prince ne dise guère qu'un jour est pompeux) : ce sont
malheureusement deux subalternes qui ouvrent la pièce. Corneille, dans son examen, dit qu'on lui reprocha cette faute : il

..

Ce grand jour où l'hymen, étouffant la vengeance,
Entre le Parthe et nous remet l'intelligence,
Affranchit sa princesse, et nous fait pour jamais
Du motif de la guerre un lien de la paix;
Ce grand jour est venu, mon frère, où notre reine,
Cessant de plus tenir la couronne incertaine,
Doit rompre aux yeux de tous son silence obstiné,
De deux princes gémeaux nous déclarer l'aîné :
Et l'avantage seul d'un moment de naissance,
Dont elle a jusqu'ici caché la connaissance,
Mettant au plus heureux le sceptre dans la main,
Va faire l'un sujet, et l'autre souverain.
Mais n'admirez-vous point que cette même reine
Le donne pour époux à l'objet de sa haine (1),
Et n'en doit faire un roi qu'afin de couronner
Celle que dans les fers elle aimait à gêner (2)?
Rodogune, par elle en esclave traitée,
Par elle se va voir sur le trône montée,
Puisque celui des deux qu'elle nommera roi
Lui doit donner la main et recevoir sa foi.

TIMAGÈNE

Pour le mieux admirer, trouvez bon, je vous prie,
Que j'apprenne de vous les troubles de Syrie.

était presque le seul qui eût appris aux Français à juger; avant
lui, on n'était pas difficile. Il n'y a guère de connaisseurs quand
il n'y a point de modèles. Les défauts de cette exposition sont :
1º qu'on ne sait point qui parle; 2º qu'on ne sait point de qui
l'on parle; 3º qu'on ne sait point où l'on parle. Les premiers
vers doivent mettre le spectateur au fait, autant qu'il est possible (V.).

(1) *Sa haine* se rapporte à l'*époux*, qui est le substantif le
plus voisin; cependant l'auteur entend la *haine* de Cléopâtre :
ce sont de ces fautes de grammaire dans lesquelles Corneille,
qui ne châtiait pas son style, tombe souvent, et dans lesquelles
Racine ne tomba jamais depuis *Andromaque*. (V.)

(2) Tourmenter, torturer, selon la signification énergique
qu'avait autrefois ce mot.

J'en ai vu les premiers, et me souviens encor
Des malheureux succès du grand roi Nicanor,
Quand, des Parthes vaincus pressant l'adroite fuite,
Il tomba dans leurs fers au bout de sa poursuite.
Je n'ai pas oublié que cet événement
Du perfide Tryphon fit le soulèvement.
Voyant le roi captif, la reine désolée,
Il crut pouvoir saisir la couronne ébranlée ;
Et le sort, favorable à son lâche attentat,
Mit d'abord sous ses lois la moitié de l'État.
La reine, craignant tout de ces nouveaux orages,
En sut mettre à l'abri ses plus précieux gages ;
Et, pour n'exposer pas l'enfance de ses fils,
Me les fit chez son frère enlever à Memphis (1).
Là, nous n'avons rien su que de la renommée,
Qui, par un bruit confus diversement semée,
N'a porté jusqu'à nous ces grands renversements
Que sous l'obscurité de cent déguisements.

LAONICE

Sachez donc que Tryphon, après quatre batailles,
Ayant su nous réduire à ces seules murailles,
En forma tôt (2) le siège ; et, pour comble d'effroi,
Un faux bruit s'y coula touchant la mort du roi.
Le peuple épouvanté, qui déjà dans son âme
Ne suivait qu'à regret les ordres d'une femme,

(1) *Me les fit enlever*, phrase louche: Elle peut signifier, *les fit enlever de mes bras*, ou *m'ordonna de les enlever* : en ce dernier sens, elle est mauvaise. *Enlever à Memphis* est impropre ; elle les porta, les conduisit à Memphis, les cacha dans Memphis. *Enlever à Memphis* signifie tout le contraire ; *enlever à* signifie *ôter à*, *dérober à* ; *enlever le Palladium à Troie*, *enlever Hélène à Paris. Élever*, au lieu d'*enlever*, ôterait toute équivoque. Peut-être y a-t-il eu dans la première édition une faute d'impression, qui a été répétée dans toutes les autres. (V.)

(2) Aujourd'hui il faudrait dire *bientôt*.

Voulut forcer la reine à choisir un époux.
Que pouvait-elle faire et seule et contre tous ?
Croyant son mari mort, elle épousa son frère (1).
L'effet montra soudain ce conseil salutaire.
Le prince Antiochus, devenu nouveau roi.
Sembla de tous côtés traîner l'heur (2) avec soi :
La victoire attachée au progrès de ses armes
Sur nos fiers ennemis rejeta nos alarmes ;
Et la mort de Tryphon dans un dernier combat,
Changeant tout notre sort, lui rendit tout l'État.
Quelque promesse alors qu'il eût faite à la mère
De remettre ses fils au trône de leur père (3),
Il témoigna si peu de la vouloir tenir,
Qu'elle n'osa jamais les faire revenir.
Ayant régné sept ans, son ardeur militaire
Ralluma cette guerre où succomba son frère :

(1) Il semble qu'elle épousa son propre frère : ne devait-on
pas exprimer qu'elle épousa le frère de son mari ? l'auteur ne
devait-il pas lever cette petite équivoque, avec d'autant plus de
soin qu'on pouvait épouser son frère en Perse, en Syrie, en
Égypte, à Athènes, en Palestine ? Ce n'est là qu'une très légère
négligence ; mais il faut toujours faire voir combien il importe
de parler purement sa langue, et d'être toujours clair. (V.)

(2) Le bonheur. Expression vieillie.

(3) Il n'est pas dit que cette veuve de Nicanor était Cléopâtre, mère des deux princes, et que le roi Antiochus avait
promis de rendre la couronne aux enfants du premier lit. Le
spectateur a besoin qu'on lui débrouille cette histoire. Cléopâtre n'est pas nommée une seule fois dans la pièce. Corneille
en donne pour raison qu'on aurait pu la confondre avec la
Cléopâtre de César ; mais il n'y a guère d'apparence que les
spectateurs instruits, qui instruisent bientôt les autres, eussent
pris cette reine de Syrie pour la maîtresse de César. Et puis
comment cet Antiochus avait-il promis de rendre le royaume
aux deux princes ? devaient-ils régner tous deux ensemble ? Tout
cela est un peu confus dans le fond, et est exprimé confusément ; plusieurs lecteurs en sont révoltés. On est plus indul-
gent à la représentation. (V.)

Il attaqua le Parthe, et se crut assez fort
Pour en venger sur lui la prison et la mort (1).
Jusque dans ses États il lui porta la guerre ;
Il s'y fit partout craindre à l'égal du tonnerre ;
Il lui donna bataille, où mille beaux exploits...,
Je vous achèverai le reste une autre fois ;
Un des princes survient (2).

(Elle veut se retirer.)

SCÈNE II

ANTIOCHUS, TIMAGÈNE, LAONICE.

ANTIOCHUS

Demeurez, Laonice (3) ;
Vous pouvez, comme lui, me rendre un bon office.
Dans l'état où je suis, triste, et plein de souci,
Si j'espère beaucoup, je crains beaucoup aussi.
Un seul mot aujourd'hui, maître de ma fortune,
M'ôte ou donne à jamais le sceptre et Rodogune,

(1) La construction est obscure et vicieuse ; *en* se rapporte au frère, et *lui* se rapporte au Parthe. La difficulté d'employer les pronoms et les conjonctions, sans nuire à la clarté et à l'élégance, est très grande en français. (V.)

(2) On ne sait point quel prince ; et Antiochus, ne se nommant point, laisse le spectateur incertain. (V.)

(3) On ne sait encore si c'est Antiochus ou Séleucus qui parle ; on ignore même que l'un est Antiochus, l'autre Séleucus. Il est à remarquer qu'Antiochus n'est nommé qu'au quatrième acte, à la scène troisième, et Séleucus à la scène cinquième, et que Cléopâtre n'est jamais nommée. Il fallait d'abord instruire les spectateurs. Le lecteur doit sentir la difficulté extrême d'expliquer tant de choses dans une seule scène, et de les énoncer d'une manière intéressante. Mais voyez l'exposition de *Bajazet ;* il y avait autant de préliminaires dont il fallait parler ; cependant quelle netteté ! comme tous les caractères sont annoncés ! avec quelle heureuse facilité tout est développé ! quel art admirable dans cette exposition de *Bajazet !* (V.)

Et de tous les mortels ce secret révélé
Me rend le plus content ou le plus désolé.
Je vois dans le hasard tous les biens que j'espère,
Et ne puis être heureux sans le malheur d'un frère,
Mais d'un frère si cher, qu'une sainte amitié
Fait sur moi de ses maux rejaillir la moitié.
Donc pour moins hasarder j'aime mieux moins pré-
[tendre,
Et, pour rompre le coup que mon cœur n'ose attendre,
Lui cédant de deux biens le plus brillant aux yeux,
M'assurer de celui qui m'est plus précieux (1) :
Heureux si, sans attendre un fâcheux droit d'aînesse,
Pour un trône incertain j'en obtiens la princesse,
Et puis par ce partage éparger les soupirs
Qui naîtraient de ma peine ou de ses déplaisirs !
Va le voir de ma part, Timagène, et lui dire
Que pour cette beauté je lui cède l'empire ;
Mais porte-lui si haut la douceur de régner,
Qu'à cet éclat du trône il se laisse gagner ;
Qu'il s'en laisse éblouir jusqu'à ne pas connaître
A quel prix je consens de l'accepter pour maître.

(Timagène s'en va, et le prince continue à parler à Laonice.)

Et vous, en ma faveur voyez ce cher objet,
Et tâchez d'abaisser ses yeux sur un sujet
Qui peut-être aujourd'hui porterait la couronne,
S'il n'attachait les siens à sa seule personne,
Et ne la préférait à cet illustre rang
Pour qui les plus grands cœurs prodiguent tout leur
[sang.

(Timagène rentre sur le théâtre.)

(1) On est étonné d'abord qu'un prince cède un trône pour
avoir une femme. Mais Antiochus est déterminé par son amitié
pour son frère Séleucus, ainsi que par son amour pour Rodogune. Peut-être eût-il fallu qu'Antiochus eût paru éperdument
amoureux, et qu'on s'intéressât déjà à sa passion, pour qu'on
excusât davantage ce début par lequel il renonce au trône. (V.)

TIMAGÈNE

Seigneur, le prince vient; et votre amour lui-même
Lui peut sans interprète offrir le diadème.

ANTIOCHUS

Ah! je tremble; et la peur d'un trop juste refus
Rend ma langue muette et mon esprit confus.

SCÈNE III

SÉLEUCUS, ANTIOCHUS, TIMAGÈNE, LAONICE

SÉLEUCUS

Vous puis-je en confiance expliquer ma pensée?

ANTIOCHUS

Parlez; notre amitié par ce doute est blessée.

SÉLEUCUS

Hélas! c'est le malheur que je crains aujourd'hui.
L'égalité, mon frère, en est le ferme appui;
C'en est le fondement, la liaison, le gage;
Et, voyant d'un côté tomber tout l'avantage,
Avec juste raison je crains qu'entre nous deux
L'égalité rompue en rompe les doux nœuds,
Et que ce jour fatal à l'heur de notre vie
Jette sur l'un de nous trop de honte on d'envie.

ANTIOCHUS

Comme nous n'avons eu jamais qu'un sentiment,
Cette peur me touchait, mon frère, également;
Mais, si vous le voulez, j'en sais bien le remède.

SÉLEUCUS

Si je le veux! bien plus, je l'apporte et vous cède

Tout ce que la couronne a de charmant en soi.
Oui, seigneur, car je parle à présent à mon roi,
Pour le trône cédé cédez-moi Rodogune,
Et je n'envierai point votre haute fortune.
Ainsi notre destin n'aura rien de honteux,
Ainsi notre bonheur n'aura rien de douteux :
Et nous mépriserons ce faible droit d'aînesse,
Vous satisfait du trône, et moi de la princesse.

ANTIOCHUS

Hélas !

SÉLEUCUS

Recevez-vous l'offre avec déplaisir ?

ANTIOCHUS

Pouvez-vous nommer offre une ardeur de choisir,
Qui, de la même main qui me cède un empire,
M'arrache un bien plus grand, et le seul où j'aspire ?

SÉLEUCUS

Rodogune ?

ANTIOCHUS

Elle-même ; ils en sont les témoins.

SÉLEUCUS

Quoi ! l'estimez-vous tant ?

ANTIOCHUS

Quoi ! l'estimez-vous moins ?

SÉLEUCUS

Elle vaut bien un trône, il faut que je le die.

ANTIOCHUS

Elle vaut à mes yeux tout ce qu'en a l'Asie.

SÉLEUCUS

Vous l'aimez donc, mon frère ?

ANTIOCHUS

                         Et vous l'aimez aussi,
C'est là tout mon malheur, c'est là tout mon souci.
J'espérais que l'éclat dont le trône se pare
Toucherait vos désirs plus qu'un objet si rare ;
Mais aussi bien qu'à moi son prix vous est connu,
Et dans ce juste choix vous m'avez prévenu.
Ah ! déplorable prince !

SÉLEUCUS

                Ah ! destin trop contraire !

ANTIOCHUS

Que ne ferais-je point contre un autre qu'un frère !

SÉLEUCUS

O mon cher frère ! ô nom pour un rival trop doux !
Que ne ferais-je point contre un autre que vous !

ANTIOCHUS

Où nous vas-tu réduire, amitié fraternelle ?

SÉLEUCUS

Amour, qui doit ici vaincre de vous ou d'elle ?

ANTIOCHUS

L'amour, l'amour doit vaincre, et la triste amitié
Ne doit être à tous deux qu'un objet de pitié.
Un grand cœur cède un trône, et le cède avec gloire :
Cet effort de vertu couronne sa mémoire ;
Mais lorsqu'un digne objet a pu nous enflammer,
Qui le cède est un lâche, et ne sait pas aimer.
De nous deux Rodogune a charmé le courage ;
Cessons par trop d'amour de lui faire un outrage :

Elle doit épouser, non pas vous, non pas moi,
Mais de moi, mais de vous, quiconque sera roi.
La couronne entre nous flotte encore incertaine;
Mais sans incertitude elle doit être reine.
Cependant, aveuglés dans notre vain projet,
Nous la faisions tous deux la femme d'un sujet!
Régnons; l'ambition ne peut être que belle,
Et pour elle quittée, et reprise pour elle;
Et ce trône, où tous deux nous osions renoncer,
Souhaitons-le tous deux, afin de l'y placer :
C'est dans notre destin le seul conseil à prendre;
Nous pouvons nous en plaindre, et nous devons l'at-
[tendre.

SÉLEUCUS

Il faut encor plus faire, il faut qu'en ce grand jour
Notre amitié triomphe aussi bien que l'amour.
Ces deux siéges fameux de Thèbes et de Troie,
Qui mirent l'une en sang, l'autre aux flammes en proie,
N'eurent pour fondements à leurs maux infinis
Que ceux que contre nous le sort a réunis.
Il sème entre nous deux toute la jalousie
Qui dépeupla la Grèce et saccagea l'Asie;
Un même espoir du sceptre est permis à tous deux :
Pour la même beauté nous faisons mêmes vœux.
Thèbes périt pour l'un, Troie a brûlé pour l'autre.
Tout va choir en ma main ou tomber en la vôtre.
En vain votre amitié tâchait à partager ;
Et, si j'ose tout dire, un titre assez léger.
Un droit d'aînesse obscur, sur la foi d'une mère,
Va combler l'un de gloire, et l'autre de misère.
Que de sujets de plainte en ce double intérêt
Aura le malheureux contre un si faible arrêt!
Que de sources de haine ! Hélas ! jugez le reste,
Craignez-en avec moi l'évènement funeste,
Où plutot avec moi faites un digne effort
Pour armer votre cœur contre un si triste sort.

Malgré l'éclat du trône et l'amour d'une femme,
Faisons si bien régner l'amitié sur notre âme,
Qu'étouffant dans leur perte un regret suborneur.
Dans le bonheur d'un frère on trouve son bonheur.
Ainsi ce qui jadis perdit Thèbes et Troie
Dans nos cœurs mieux unis ne versera que joie :
Ainsi notre amitié, triomphante à son tour,
Vaincra la jalousie en cédant à l'amour ;
Et, de notre destin bravant l'ordre barbare,
Trouvera des douceurs aux maux qu'il nous prépare.

ANTIOCHUS

Le pourrez-vous, mon frère ?

SÉLEUCUS

           Ah ! que vous me pressez !
Je le voudrai du moins, mon frère, et c'est assez ;
Et ma raison sur moi gardera tant d'empire,
Que je désavouerai mon cœur s'il en soupire.

ANTIOCHUS

J'embrasse comme vous ces nobles sentiments.
Mais allons leur donner le secours des serments,
Afin qu'étant témoins de l'amitié jurée,
Les dieux contre un tel coup assurent sa durée.

SÉLEUCUS

Allons, allons l'étreindre au pied de leurs autels,
Par des liens sacrés et des nœuds immortels (1).

(1) Je crois que, malgré tous ses défauts, cette scène doit
toujours réussir au théâtre. L'amitié tendre des deux frères
touche d'abord : on excuse leur dessein de céder le trône, parce
qu'ils sont jeunes, et qu'on pardonne tout à la jeunesse pas-
sionnée et sans expérience, mais surtout parce que leur droit
au trône est incertain. La bonne foi avec laquelle ces princes
se parlent doit plaire au public. Leurs réflexions, que Rodogune

SCÈNE IV

LAONICE, TIMAGÈNE.

LAONICE

Peut-on plus dignement mériter la couronne?

TIMAGÈNE

Je ne suis point surpris de ce qui vous étonne ;
Confident de tous deux, prévoyant leur douleur,
J'ai prévu leur constance, et j'ai plaint leur malheur.
Mais, de grâce, achevez l'histoire commencée.

LAONICE

Pour la reprendre donc où nous l'avons laissée (1)
Les Parthes, au combat par les nôtres forcés,
Tantôt presque vainqueurs, tantôt presque enfoncés,
Sur l'une et l'autre armée également heureuse,
Virent longtemps voler la victoire douteuse :
Mais la fortune enfin se tourna contre nous,
Si bien qu'Antiochus, percé de mille coups,
Près de tomber aux mains d'une troupe ennemie,
Lui voulut dérober les restes de sa vie.
Et, préférant aux fers la gloire de périr,
Lui-même par sa main acheva de mourir.
La reine ayant appris cette triste nouvelle,
En reçut tôt après une autre plus cruelle :
Que Nicanor vivait ; que, sur un faux rapport,
De ce premier époux elle avait cru la mort ;

doit appartenir à celui qui sera nommé roi, forment tout d'un coup le nœud de la pièce ; et le triomphe de l'amitié sur l'amour et sur l'ambition finit cette scène parfaitement. (V.)

(1) Ces discours de confidents, cette histoire interrompue et recommencée, sont condamnés universellement.

Que, piqué jusqu'au vif contre son hyménée,
Son âme à l'imiter s'était déterminée ;
Et que, pour s'affranchir des fers de son vainqueur,
Il allait épouser la princesse sa sœur.
C'est cette Rodogune, où l'un et l'autre frère
Trouve encor les appas qu'avait trouvés leur père.
La reine envoie en vain pour se justifier ;
On a beau la défendre, on a beau le prier,
On ne rencontre en lui qu'un juge inexorable :
Et son amour nouveau la veut croire coupable :
Son erreur est un crime : et, pour l'en punir mieux,
Il veut même épouser Rodogune à ses yeux,
Arracher de son front le sacré diadème,
Pour ceindre une autre tête en sa présence même ;
Soit qu'ainsi sa vengeance eût plus d'indignité,
Soit qu'ainsi cet hymen eût plus d'autorité,
Et qu'il assurât mieux par cette barbarie
Aux enfants qui naîtraient le trône de Syrie.
Mais tandis qu'animé de colère et d'amour
Il vient déshériter ses fils par son retour,
Et qu'un gros escadron de Parthes pleins de joie
Conduit ces deux amants, et court comme à la
[proie,
La reine, au désespoir de n'en rien obtenir,
Se résout de se perdre ou de le prévenir.
Elle oublie un mari qui veut cesser de l'être,
Qui ne veut plus la voir qu'en implacable maître ;
Et, changeant à regret son amour en horreur,
Elle abandonne tout à sa juste fureur.
Elle-même leur dresse une embûche au passage,
Se mêle dans les coups, porte partout sa rage,
En pousse jusqu'au bout les furieux effets.
Que vous dirai-je enfin ? les Parthes sont défaits ;
Le roi meurt, et, dit-on, par la main de la reine ;
Rodogune captive est livrée à sa haine,
Tous les maux qu'un esclave endure dans les fers,
Alors sans moi, mon frère, elle les eût soufferts.

La reine, à la gêner prenant mille délices,
Ne commettait(1) qu'à moi l'ordre de ses supplices ;
Mais quoi que m'ordonnât cette âme toute en feu,
Je promettais beaucoup, et j'exécutais peu.
Le Parthe cependant en jure la vengeance ;
Sur nous à main armée il fond en diligence,
Nous surprend, nous assiège, et fait un tel effort
Que, la ville aux abois, on lui parle d'accord.
Il veut fermer l'oreille, enflé de l'avantage ;
Mais, voyant parmi nous Rodogune en otage,
Enfin il craint pour elle, et nous daigne écouter ;
Et c'est ce qu'aujourd'hui l'on doit exécuter.
La reine de l'Égypte a rappelé nos princes,
Pour remettre à l'aîné son trône et ses provinces.
Rodogune a paru, sortant de sa prison.
Comme un soleil levant dessus notre horizon,
Le Parthe a décampé, pressé par d'autres guerres
Contre l'Arménien qui ravage ses terres ;
D'un ennemi cruel il s'est fait notre appui :
La paix finit la haine, et, pour comble aujourd'hui,
Dois-je dire de bonne ou mauvaise fortune ?
Nos deux princes tous deux adorent Rodogune.

TIMAGÈNE

Sitôt qu'ils ont paru tous deux en cette cour,
Ils ont vu Rodogune, et j'ai vu leur amour ;
Mais comme étant rivaux nous les trouvons à plaindre,
Connaissant leur vertu je n'en vois rien à craindre.
Pour vous, qui gouvernez cet objet de leurs vœux...

LAONICE

Je n'ai point encor vu qu'elle aime aucun des deux.

TIMAGÈNE

Vous me trouvez mal propre à cette confidence
Et peut-être à dessein je la vois qui s'avance.

(1) Ne confiait.

Adieu : je dois au rang qu'elle est prête à tenir
Du moins la liberté de vous entretenir.

SCÈNE V

RODOGUNE, LAONICE.

RODOGUNE

Je ne sais quel malheur aujourd'hui me menace,
Et coule dans ma joie une secrète glace :
Je tremble, Laonice, et te voulais parler,
Ou pour chasser ma crainte ou pour m'en consoler.

LAONICE

Quoi! madame, en ce jour pour vous si plein de gloire?

RODOGUNE

Ce jour m'en promet tant que j'ai peine à tout croire.
La fortune me traite avec trop de respect;
Et le trône et l'hymen, tout me devient suspect.
L'hymen semble à mes yeux cacher quelque supplice,
Le trône sous mes pas creuser un précipice;
Je vois de nouveaux fers après les miens brisés,
Et je prends tous ces biens pour des maux déguisés :
En un mot, je crains tout de l'esprit de la reine.

LAONICE

La paix qu'elle a jurée en a calmé la haine.

RODOGUNE

La haine entre les grands se calme rarement;
La paix souvent n'y sert que d'un amusement;
Et, dans l'État où j'entre, à te parler sans feinte,
Elle a lieu de me craindre, et je crains cette crainte.
Non qu'enfin je ne donne au bien des deux États
Ce que j'ai dû de haine à de tels attentats :

J'oublie et pleinement toute mon aventure;
Mais une grande offense est de cette nature,
Que toujours son auteur impute à l'offensé
Un vif ressentiment dont il le croit blessé;
Et, quoiqu'en apparence on les réconcilie,
Il le craint, il le hait, et jamais ne s'y fie;
Et, toujours alarmé de cette illusion,
Sitôt qu'il peut le perdre il prend l'occasion.
Telle est pour moi la reine.

LAONICE

                        Ah ! madame, je jure
Que par ce faux soupçon vous lui faites injure.
Vous devez oublier un désespoir jaloux
Où força son courage un infidèle époux.
Si, teinte de son sang et toute furieuse,
Elle vous traita lors en rivale odieuse,
L'impétuosité d'un premier mouvement
Engageait sa vengeance à ce dur traitement;
Il fallait un prétexte à vaincre sa colère,
Il y fallait du temps; et, pour ne rien vous taire,
Quand je me dispensais à lui mal obéir (1),
Quand en votre faveur je semblais la trahir,
Peut-être qu'en son cœur plus douce et repentie
Elle en dissimulait la meilleure partie;
Que, se voyant tromper, elle fermait les yeux,
Et qu'un peu de pitié la satisfaisait mieux.
A présent que l'amour succède à la colère,
Elle ne vous voit plus qu'avec des yeux de mère;
Et si de cet amour je la voyais sortir,
Je jure de nouveau de vous en avertir :
Vous savez comme quoi je vous suis tout acquise,
Le roi souffrirait-il d'ailleurs quelque surprise?

(1) *Se dispenser à* signifiait autrefois se permettre de.

RODOGUNE

Qui que ce soit des deux qu'on couronne aujour-
[d'hui,
Elle sera sa mère, et pourra tout sur lui.

LAONICE

Qui que ce soit des deux, je sais qu'il vous adore :
Connaissant leur amour, pouvez-vous craindre en-
[core ?

RODOGUNE

Oui, je crains leur hymen, et d'être à l'un des deux.

LAONICE

Quoi ! sont-ils des sujets indignes de vos feux ?

RODOGUNE

Comme ils ont même sang avec pareil mérite,
Un avantage égal pour eux me sollicite ;
Mais il est malaisé, dans cette égalité,
Qu'un esprit combattu ne penche d'un côté.
Il est des nœuds secrets, il est des sympathies,
Dont par le doux rapport les âmes assorties
S'attachent l'une à l'autre, et se laissent piquer.
Par ces je ne sais quoi qu'on ne peut expliquer.
C'est par là que l'un d'eux obtient la préférence :
Je crois voir l'autre encore avec indifférence ;
Mais cette indifférence est une aversion
Lorsque je la compare avec ma passion.
Etrange effet d'amour ! incroyable chimère !
Je voudrais être à lui, si je n'aimais son frère :
Et le plus grand des maux toutefois que je crains,
C'est que mon triste sort me livre entre ses mains.

LAONICE

Ne pourrai-je servir une si belle flamme ?

RODOGUNE

Ne crois pas en tirer le secret de mon âme :
Quelque époux que le ciel veuille me destiner,
C'est à lui pleinement que je veux me donner.
De celui que je crains si je suis le partage,
Je saurai l'accepter avec même visage:
L'hymen me le rendra précieux à son tour,
Et le devoir fera ce qu'aurait fait l'amour,
Sans crainte qu'on reproche à mon humeur forcée
Qu'un autre qu'un mari règne sur ma pensée.

LAONICE

Vous craignez que ma foi vous l'ose reprocher!

RODOGUNE

Que ne puis-je à moi-même aussi bien le cacher!

LAONICE

Quoi que vous me cachiez, aisément je devine;
Et, pour vous dire enfin ce que je m'imagine,
Le prince...

RODOGUNE

Garde-toi de nommer mon vainqueur :
Ma rougeur trahirait les secrets de mon cœur (1),
Et je te voudrais mal de cette violence
Que ta dextérité ferait à mon silence :

(1) Remarquez que tous les discours de Rodogune sont dans
le caractère d'une jeune personne qui craint de s'avouer à elle-
même les sentiments tendres et honnêtes dont son cœur est
touché. Cependant Rodogune n'est point jeune; elle épousa
Nicanor lorsque les deux frères étaient en bas âge; ils ont au
moins vingt ans. Cette rougeur, cette timidité, cette innocence,
semblent donc un peu outrées pour son âge; elles s'accordent
peu avec tant de maximes de politique; elles conviennent encore
moins à une femme qui bientôt demandera la tête de sa belle-
mère aux enfants mêmes de cette belle-mère. (V.).

Même, de peur qu'un mot par hasard échappé
Te fasse voir ce cœur et quels traits l'ont frappé,
Je romps un entretien dont la suite me blesse.
Adieu : mais souviens-toi que c'est sur ta promesse
Que mon esprit reprend quelque tranquillité.

LAONICE

Madame, assurez-vous de ma fidélité.

ACTE SECOND

SCÈNE PREMIÈRE

CLÉOPATRE

Serments fallacieux, salutaire contrainte,
Que m'imposa la force et qu'accepta ma crainte
Heureux délassements d'un immortel courroux,
Vains fantômes d'Etat, évanouissez-vous !
Si d'un péril pressant la terreur vous fît naître,
Avec ce péril même il vous faut disparaître,
Semblables à ces vœux dans l'orage formés,
Qu'efface un prompt oubli quand les flots sont calmés.
Et vous, qu'avec tant d'art cette feinte a voilée,
Recours des impuissants, haine dissimulée,
Digne vertu des rois, noble secret de cour,
Eclatez, il est temps, et voici notre jour,
Montrons-nous toutes deux, non plus comme sujettes,
Mais telle que je suis, et telle que vous êtes.
Le Parthe est éloigné, nous pouvons tout oser :
Nous n'avons rien à craindre, et rien à déguiser ;
Je hais, je règne encor. Laissons d'illustres marques
En quittant, s'il le faut, ce haut rang des monarques :
Faisons-en avec gloire un départ éclatant,
Et rendons-le funeste à celle qui l'attend.

C'est encor, c'est encor cette même ennemie
Qui cherchait ses honneurs dedans mon infamie,
Dont la haine à son tour croit me faire la loi,
Et régner par son ordre et sur vous et sur moi.
Tu m'estimes bien lâche, imprudente rivale,
Si tu crois que mon cœur jusque-là se ravale,
Qu'il souffre qu'un hymen qu'on t'a promis en vain
Te mette ta vengeance et mon sceptre à la main.
Vois jusqu'où m'emporta l'amour du diadème,
Vois quel sang il me coûte, et tremble pour toi-même :
Tremble, te dis-je; et songe, en dépit du traité,
Que pour t'en faire un don, je l'ai trop acheté.

SCÈNE II

CLÉOPATRE, LAONICE

CLÉOPATRE

Laonice, vois-tu que le peuple s'apprête
Au pompeux appareil de cette grande fête ?

LAONICE

La joie en est publique, et les princes tous deux
Des Syriens ravis emportent tous les vœux :
L'un et l'autre fait voir un mérite si rare,
Que le souhait confus entre les deux s'égare ;
Et ce qu'en quelques-uns on vo t d'attachement
N'est qu'un faible ascendant d'un premier mouve-
[me t.
Ils penchent d'un côté, prêts à tomber de l'autre :
Leur choix pour s'affermir attend encor le vôtre;
Et de celui qu'ils font ils sont si peu jaloux,
Que votre secret su les réunira tous.

CLÉOPATRE

Sais-tu que mon secret n'est pas ce que l'on pense?

LAONICE

J'attends avec eux tous celui de leur naissance.

CLÉOPATRE

Pour un esprit de cour, et nourri chez les grands,
Tes yeux dans leurs secrets sont bien peu pénétrants.
Apprends, ma confidente, apprends à me connaître.
Si je cache en quel rang le ciel les a fait naître,
Vois, vois que, tant que l'ordre en demeure douteux,
Aucun des deux ne règne, et je règne pour eux :
Quoique ce soit un bien que l'un et l'autre attende,
De crainte de le perdre aucun ne le demande,
Cependant je possède, et leur droit incertain
Me laisse avec leur sort leur sceptre dans la main :
Voilà mon grand secret. Sais-tu par quel mystère,
Je les laissais tous deux en dépôt chez mon frère?

LAONICE

J'ai cru qu'Antiochus les tenait éloignés,
Pour jouir des États qu'il avait regagnés.

CLÉOPATRE

Il occupait leur trône, et craignait leur présence;
Et cette juste crainte assurait ma puissance.
Mes ordres en étaient de point en point suivis,
Quand je le menaçais du retour de mes fils :
Voyant ce foudre prêt à suivre ma colère,
Quoi qu'il me plût oser, il n'osait me déplaire;
Et, content malgré lui du vain titre de roi,
S'il régnait au lieu d'eux, ce n'était que sous moi.
Je te dirai bien plus. Sans violence aucune
J'aurais vu Nicanor épouser Rodogune,
Si, content de lui plaire et de me dédaigner,
Il eût vécu chez elle en me laissant régner.
Son retour me fâchait plus que son hyménée,

Et j'aurais pu l'aimer s'il ne l'eût couronnée (1),
Tu vis comme il y fit des efforts superflus :
Je fis beaucoup alors, et ferais encor plus
S'il était quelque voie, infâme ou légitime,
Que m'enseignât la gloire, ou que m'ouvrît le crime.
Qui me pût conserver un bien que j'ai chéri
Jusqu'à verser pour lui tout le sang d'un mari.
Dans l'état pitoyable où m'en réduit la suite,
Délices de mon cœur, il faut que je te quitte ;
On m'y force, il le faut : mais on verra quel fruit
En recevra bientôt celle qui m'y réduit.
L'amour que j'ai pour toi tourne en haine pour elle :
Autant que l'un fut grand, l'autre sera cruelle ;
Et puisqu'en te perdant j'ai sur qui m'en venger,
Ma perte est supportable, et mon mal est léger.

LAONICE

Quoi ! vous parlez encor de vengeance et de haine
Pour celle dont vous-même allez faire une reine !

CLÉOPATRE

Quoi ! je ferais un roi pour être son époux.
Et m'exposer aux traits de son juste courroux !
N'apprendras-tu jamais, âme basse et grossière,
A voir par d'autres yeux que les yeux du vulgaire ?
Toi qui connais ce peuple, et sais qu'aux champs de
[Mars
Lâchement d'une femme il suit les étendards ;
Que, sans Antiochus, Tryphon m'eût dépouillée ;
Que sous lui son ardeur fut soudain réveillée ;
Ne saurais-tu juger que si je nomme un roi,
C'est pour le commander (2), et combattre pour moi ?

---

(1) Il ne l'a point couronnée, il a voulu la couronner. Voy.
acte Ier, sc. VI.
(2) Corneille a encore employé *commander* activement, avec

J'en ai le choix en main avec le droit d'aînesse ;
Et, puisqu'il en faut faire une aide à ma faiblesse,
Que la guerre sans lui ne peut se rallumer,
J'userai bien du droit que j'ai de le nommer.
On ne montera poin au rang dont je dévale,
Qu'en épousant ma haine au lieu de ma rivale :
Ce n'est qu'en me vengeant qu'on me le peut ravir ;
Et je ferai régner qui me voudra servir.

LAONICE

Je vous connaissais mal.

CLÉOPATRE

      Connais-moi tout entière.
Quand je mis Rodogune en tes mains prisonnière,
Ce ne fut ni pitié, ni respect de son rang,
Qui m'arrêta le bras et conserva son sang.
La mort d'Antiochus me laissait sans armée,
Et d'une troupe en hâte à me suivre animée,
Beaucoup dans ma vengeance ayant fini leurs jours
M'exposaient à son frère, et faible et sans secours.
Je me voyais perdue à moins d'un tel otage :
Il vint, et sa fureur craignit pour ce cher gage ;
Il m'imposa des lois, exigea des serments,
Et moi, j'accordai tout pour obtenir du temps.
Le temps est un trésor plus grand qu'on ne peut
           [croire,
J'en obtins, et je crus obtenir la victoire.
J'ai pu reprendre haleine, et, sous de faux apprêts...
Mais voici mes deux fils que j'ai mandés exprès.
Écoute, et tu verras quel est cet hyménée
Où se doit terminer cette illustre journée.

un régime de personne, dans la tragédie d'*Attila*, A. 1, sc. 1 :
 « Un roi que je *commande* ose se nommer roi. »
Les auteurs offrent quelques exemples analogues.

SCÈNE III

CLÉOPATRE, ANTIOCHUS, SÉLEUCUS, LAONICE.

CLÉOPATRE

Mes enfants, prenez place. Enfin voici le jour
Si doux à mes souhaits, si cher à mon amour,
Où je puis voir briller sur une de vos têtes
Ce que j'ai conservé parmi tant de tempêtes,
Et vous remettre un bien, après tant de malheurs,
Qui m'a coûté pour vous tant de soins et de pleurs.
Il peut vous souvenir quelles furent mes larmes
Quand Tryphon me donna de si rudes alarmes,
Que, pour ne vous pas voir exposés à ses coups,
Il fallut me résoudre à me priver de vous.
Quelles peines depuis, grands dieux ! n'ai-je souffertes!
Chaque jour redoubla mes douleurs et mes pertes.
Je vis votre royaume entre ces murs réduit;
Je crus mort votre père; et sur un si faux bruit
Le peuple mutiné voulut avoir un maître.
J'eus beau le nommer lâche, ingrat, parjure, traître,
Il fallut satisfaire à son brutal désir,
Et, de peur qu'il en prît, il m'en fallut choisir.
Pour vous sauver l'État que n'eussé-je pu faire.
Je choisis un époux avec des yeux de mère,
Votre oncle Antiochus, et j'espérai qu'en lui
Votre trône tombant trouverait un appui;
Mais à peine son bras en relève la chute,
Que par lui de nouveau le sort me persécute;
Maître de votre État par sa valeur sauvé,
Il s'obstine à remplir ce trône relevé :
Qui lui parle de vous attire sa menace.
Il n'a défait Tryphon que pour prendre sa place;
Et, de dépositaire et de libérateur,
Il s'érige en tyran et lâche usurpateur.

Sa main l'en a puni : pardonnons à son ombre ;
Aussi bien en un seul voici des maux sans nombre.
   Nicanor votre père, et mon premier époux...
Mais pourquoi lui donner encor des noms si doux,
Puisque, l'ayant cru mort, il sembla ne revivre
Que pour s'en dépouiller afin de nous poursuivre?
Passons ; je ne me puis souvenir sans trembler
Du coup dont j'empêchai qu'il nous pût accabler :
Je ne sais s'il est digne ou d'honneur ou d'estime,
S'il plut aux dieux ou non, s'il fut justice ou crime ;
Mais, soit crime ou justice, il est certain, mes fils,
Que mon amour pour vous fit tout ce que je fis :
Ni celui des grandeurs, ni celui de la vie
Ne jeta dans mon cœur cette aveugle furie.
J'étais lasse d'un trône où d'éternels malheurs
Me comblaient chaque jour de nouvelles douleurs.
Ma vie est presque usée, et ce reste inutile
Chez mon frère avec vous trouvait un sûr asile :
Mais voir, après douze ans et de soins et de maux,
Un père vous ôter le fruit de mes travaux !
Mais voir votre couronne après lui destinée
Aux enfants qui naîtraient d'un second hyménée !
A cette indignité je ne connus plus rien ;
Je me crus tout permis pour garder votre bien.
Recevez donc, mes fils, de la main d'une mère,
Un trône racheté par le malheur d'un père.
Je crus qu'il fit lui-même un crime en vous l'ôtant
Et si j'en ai fait un en vous le rachetant,
Daigne du juste ciel la bonté souveraine,
Vous en laissant le fruit, m'en réserver la peine,
Ne lancer que sur moi les foudres mérités,
Et n'épandre sur vous que des prospérités !

ANTIOCHUS

Jusques ici, madame, aucun ne met en doute
Les longs et grands travaux que notre amour vous
                                        [coûte,

Et nous croyons tenir des soins de cet amour
Ce doux espoir du trône aussi bien que le jour ;
Le récit nous en charme, et nous fait mieux com-
                                        prendre
Quelles grâces tous deux nous vous en devons rendre :
Mais, afin qu'à jamais nous les puissions bénir,
Épargnez le dernier à notre souvenir ;
Ce sont fatalités dont l'âme embarrassée
A plus qu'elle ne veut se voit souvent forcée.
Sur les noires couleurs d'un si triste tableau
Il faut passer l'éponge, ou tirer le rideau :
Un fils est criminel quand il les examine :
Et quelque suite enfin que le ciel y destine,
J'en rejette l'idée, et crois qu'en ces malheurs
Le silence ou l'oubli nous sied mieux que les pleurs.
Nous attendons le sceptre avec même espérance :
Mais si nous l'attendons, c'est sans impatience ;
Nous pouvons sans régner vivre tous deux contents ;
C'est le fruit de vos soins, jouissez-en longtemps :
Il tombera sur nous quand vous en serez lasse ;
Nous le recevrons lors de bien meilleure grâce ;
Et l'accepter sitôt semble nous reprocher
De n'être revenus que pour vous l'arracher.

SÉLEUCUS

J'ajouterai, madame, à ce qu'a dit mon frère
Que, bien qu'avec plaisir et l'un et l'autre espère,
L'ambition n'est pas notre plus grand désir.
Régnez, nous le verrons tous deux avec plaisir ;
Et c'est bien la raison que pour tant de puissance
Nous vous rendions du moins un peu d'obéissance,
Et que celui de nous dont le ciel a fait choix
Sous votre illustre exemple apprenne l'art des rois.

CLÉOPATRE

Dites tout, mes enfants : vous fuyez la couronne,
Non que son trop d'éclat ou son poids vous étonne ;

L'unique fondement de cette aversion,
C'est la honte attachée à sa possession.
Elle passe à vos yeux pour la même infamie,
S'il faut la partager avec notre ennemie,
Et qu'un indigne hymen la fasse retomber
Sur celle qui venait pour vous la dérober.
O nobles sentiments d'une âme généreuse !
O fils vraiment mes fils ! ô mère trop heureuse !
Le sort de votre père enfin est éclairci :
Il était innocent, et je puis l'être aussi ;
Il vous aima toujours, et ne fut mauvais père
Que charmé par la sœur, ou forcé par le frère ;
Et, dans cette embuscade où son effort fut vain,
Rodogune, mes fils, le tua par ma main.
Ainsi de cet amour la fatale puissance
Vous coûte votre père, à moi, mon innocence ;
Et si ma main pour vous n'avait tout attenté,
L'effet de cet amour vous aurait tout coûté.
Ainsi vous me rendrez l'innocence et l'estime (1),
Lorsque vous punirez la cause de mon crime.
De cette même main qui vous a tout sauvé,
Dans son sang odieux je l'aurais bien lavé ;
Mais comme vous aviez votre part aux offenses,
Je vous ai réservé votre part aux vengeances ;
Et, pour ne tenir plus en suspens vos esprits,
Si vous voulez régner, le trône est à ce prix (2).

(1) Au xviiᵉ siècle, estime s'est employé souvent dans le sens de gloire, réputation.
(2) La proposition de Cléopâtre n'est pas raisonnable, car une passion violente ne raisonne pas ; mais elle est vraisemblable de la part d'une femme qui a tué son mari de sa propre main, et qui est capable de tout sacrifier à son ambition. Elle se souvient que, dans le temps où Tryphon ravageait la Syrie, le peuple, qui n'obéissait qu'à regret à une femme, voulut la forcer, et la força en effet, à se donner un maître. Elle a lieu de craindre que ce peuple, à qui elle a promis de donner un

Entre deux fils que j'aime avec même tendresse
Embrasser ma querelle est le seul droit d'aînesse :
La mort de Rodogune en nommera l'aîné.
Quoi! vous montrez tous deux un visage étonné!
Redoutez-vous son frère? Après la paix infâme
Que même en la jurant je détestais dans l'âme,
J'ai fait lever des gens par des ordres secrets
Qu'à vous suivre en tous lieux vous trouverez tout
[prêts;
Et, tandis qu'il fait tête aux princes d'Arménie.
Nous pouvons sans péril briser sa tyrannie.
Qui vous fait donc pâlir à cette juste loi?
Est-ce pitié pour elle? est-ce haine pour moi?
Voulez-vous l'épouser afin qu'elle me brave,
Et mettre mon destin aux mains de mon esclave?
Vous ne répondez point! Allez, enfants ingrats,
Pour qui je crus en vain conserver ces États :
J'ai fait votre oncle roi, j'en ferai bien un autre ;
Et mon nom peut encore ici plus que le vôtre.

SÉLEUCUS

Mais, madame, voyez que pour premier exploit...

roi, et qui l'attend ce jour-là même, ne se révolte contre elle,
si elle osait éluder sa promesse. Cependant, si elle nomme un
roi, Rodogune règne. C'est la condition du traité qu'elle a
fait avec les Parthes ; et ce traité, qu'elle a rendu public,
elle n'ose le violer ouvertement : elle veut en laisser le
crime et le danger à celui de ses fils qu'elle nommera roi, et
qui pourra la mettre à l'abri du ressentiment du peuple. Vin-
dicative et plus ambitieuse encore, elle a lieu de croire que
l'offre d'une couronne séduira du moins un de ses fils. Il
nous semble que Voltaire n'a pas assez fortement compris le
caractère de Cléopâtre, qui ne se dément pas un seul moment
et que nous regardons comme un des chefs-d'œuvre de Corneille : il n'en existe aucun de cette force au théâtre. (Palissot.)

CLÉOPATRE

Mais que chacun de vous pense à ce qu'il me doit.
Je sais bien que le sang qu'à vos mains je demande
N'est pas le digne essai d'une valeur bien grande ;
Mais si vous me devez et le sceptre et le jour,
Ce doit être envers moi le sceau de votre amour :
Sans ce gage ma haine à jamais s'en défie ;
Ce n'est qu'en m'imitant que l'on me justifie.
Rien ne vous sert ici de faire les surpris ;
Je vous le dis encor, le trône est à ce prix ;
Je puis en disposer comme de ma conquête ;
Point d'aîné, point de roi, qu'en m'apportant sa tête
Et puisque mon seul choix vous y peut élever,
Pour jouir de mon crime il le faut achever (1).

SCÈNE IV

SÉLEUCUS, ANTIOCHUS

SÉLEUCUS

Est-il une constance à l'épreuve du foudre
Dont ce cruel arrêt met notre espoir en poudre ?

ANTIOCHUS

Est-il un coup de foudre à comparer aux coups
Que ce cruel arrêt vient de lancer sur nous ?

SÉLEUCUS

O haines, ô fureurs dignes d'une Mégère !
O femme, que je n'ose appeler encor mère !
Après que tes forfaits ont régné pleinement,
Ne saurais-tu souffrir qu'on règne innocemment ?

(1) Ce vers est très beau. Mais comment une reine habile peut-elle avouer son crime à ses enfants, et les presser d'en commettre un autre ? (V.)

Quels attraits penses-tu qu'ait pour nous la couronne,
S'il faut qu'un crime égal par ta main nous la donne?
Et de quelles horreurs nous doit-elle combler,
Si pour monter au trône il faut te ressembler?

ANTIOCHUS

Gardons plus de respect aux droits de la nature,
Et n'imputons qu'au sort notre triste aventure :
Nous le nommions cruel; mais il nous était doux
Quand il ne nous donnait à combattre que nous.
Confidents tout ensemble et rivaux l'un de l'autre,
Nous ne concevions point de mal pareil au nôtre;
Cependant, à nous voir l'un de l'autre rivaux,
Nous ne concevions pas la moitié de nos maux.

SÉLEUCUS

Une douleur si sage et si respectueuse,
Ou n'est guère sensible, ou guère impétueuse,
Et c'est en de tels maux avoir l'esprit bien fort
D'en connaître la cause, et l'imputer au sort.
Pour moi, je sens les miens avec plus de faiblesse';
Plus leur cause m'est chère, et plus l'effet m'en blesse :
Non que pour m'en venger j'ose entreprendre rien;
Je donnerais encor tout mon sang pour le sien :
Je sais ce que je dois : mais dans cette contrainte,
Si je retiens mon bras, je laisse aller ma plainte;
Et j'estime qu'au point qu'elle nous a blessés.
Qui ne fait que s'en plaindre a du respect assez.
Voyez-vous bien quel est le ministère infâme
Qu'ose exiger de nous la haine d'une femme?
Voyez-vous qu'aspirant à des crimes nouveaux,
De deux princes ses fils elle fait ses bourreaux?
Si vous pouvez le voir, pouvez-vous vous en taire?

ANTIOCHUS

Je vois bien plus encor, je vois qu'elle est ma mère;

Et plus je vois son crime indigne de ce rang,
Plus je lui vois souiller la source de mon sang.
J'en sens de ma douleur croître la violence;
Mais ma confusion m'impose le silence,
Lorsque dans ses forfaits sur nos fronts imprimés
Je vois les traits honteux dont nous sommes formés.
Je tâche à cet objet d'être aveugle ou stupide;
J'ose me déguiser jusqu'à son parricide;
Je me cache à moi-même un excès de malheur
Où notre ignominie égale ma douleur;
Et, détournant les yeux d'une mère cruelle,
J'impute tout au sort qui m'a fait naître d'elle.
Je conserve pourtant encore un peu d'espoir :
Elle est mère, et le sang a beaucoup de pouvoir
Et, le sort l'eût-il faite encor plus inhumaine,
Une larme d'un fils peut amollir sa haine.

SÉLEUCUS

Ah! mon frère, l'amour n'est guère véhément
Pour des fils élevés dans un bannissement,
Et qu'ayant fait nourrir presque dans l'esclavage,
Elle n'a rappelés que pour servir sa rage.
De ses pleurs tant vantés je découvre le fard;
Nous avons en son cœur, vous et moi, peu de part :
Elle fait bien sonner ce grand amour de mère;
Mais elle seule enfin s'aime et se considère;
Et, quoi que nous étale un langage si doux,
Elle a tout fait pour elle, et n'a rien fait pour nous.
Ce n'est qu'un faux amour que la haine domine;
Nous ayant embrassés, elle nous assassine,
En veut au cher objet dont nous sommes épris,
Nous demande son sang, met le trône à ce prix,
Ce n'est plus de sa main qu'il nous le faut attendre;
Il est, il est à nous, si nous osons le prendre.
Notre révolte ici n'a rien que d'innocent;
Il est à l'un de nous, si l'autre le consent :

Régnons, et son courroux ne sera que faiblesse ;
C'est l'unique moyen de sauver la princesse.
Allons la voir, mon frère, et demeurons unis ;
C'est l'unique moyen de voir nos maux finis.
Je forme un beau dessein, que son amour m'inspire ;
Mais il faut qu'avec lui notre union conspire ;
Notre amour, aujourd'hui si digne de pitié,
Ne saurait triompher que par notre amitié.

ANTIOCHUS

Cet avertissemet marque une défiance
Que la mienne pour vous souffre avec patience.
Allons, et soyez sûr que même le trépas
Ne peut rompre des nœuds que l'amour ne rompt pas

ACTE TROISIÈME

SCÈNE PREMIÈRE

RODOGUNE, ORONTE, LAONICE

RODOGUNE

Voila comme l'amour succède à la colère,
Comme elle ne me voit qu'avec des yeux de mère ;
Comme elle aime la paix, comme elle fait un roi,
Et comme elle use enfin de ses fils et de moi.
Et tantôt mes soupçons lui faisaient une offense ?
Elle n'avait rien fait qu'en sa juste défense ?
Lorsque tu la trompais elle fermait les yeux ?
Ah ! que ma défiance en jugeait beaucoup mieux !
Tu le vois, Laonice.

LAONICE

Et vous voyez, madame,
Quelle fidélité vous conserve mon âme,

Et qu'ayant reconnu sa haine et mon erreur,
Le cœur gros de soupirs, et frémissant d'horreur,
Je romps une foi due aux secrets de ma reine,
Et vous viens découvrir mon erreur et sa haine.

RODOGUNE

Cet avis salutaire est l'unique secours
A qui je crois devoir le reste de mes jours,
Mais ce n'est pas assez de m'avoir avertie ;
Il faut de ces périls m'aplanir la sortie ;
Il faut que tes conseils m'aident à repousser...

LAONICE

Madame, au nom des dieux, veuillez m'en dispenser,
C'est assez que pour vous je lui sois infidèle,
Sans m'engager encore à des conseils contre elle.
Oronte est avec vous, qui, comme ambassadeur,
Devait de cet hymen honorer la splendeur ;
Comme c'est en ses mains que le roi votre frère
A déposé le soin d'une tête si chère,
Je vous laisse avec lui pour en délibérer.
Quoi que vous résolviez, laissez-moi l'ignorer.
Au reste, assurez-vous de l'amour des deux princes :
Plutôt que de vous perdre ils perdront leurs provinces :
Mais je ne réponds pas que ce cœur inhumain
Ne veuille à leur refus s'armer d'une autre main.
Je vous parle en tremblant ; si j'étais ici vue,
Votre péril croîtrait, et je serais perdue.
Fuyez, grande princesse, et souffrez cet adieu.

RODOGUNE

Va, je reconnaîtrai ce service en son lieu.

SCÈNE II

RODOGUNE, ORONTE

RODOGUNE

Que ferons-nous, Oronte, en ce péril extrême,
Où l'on fait de mon sang le prix d'un diadème?
Fuirons-nous chez mon frère? attendrons-nous la
[mort?
Où ferons-nous contre elle un généreux effort?

ORONTE

Notre fuite, madame, est assez difficile;
J'ai vu des gens de guerre épandus par la ville.
Si l'on veut votre perte, on vous fait observer;
Ou, s'il vous est permis encor de vous sauver,
L'avis de Laonice est sans doute une adresse :
Feignant de vous servir, elle sert sa maîtresse.
La reine, qui surtout craint de vous voir régner,
Vous donne ces terreurs pour vous faire éloigner;
Et, pour rompre un hymen qu'avec peine elle endure,
Elle en veut à vous-même imputer la rupture.
Elle obtiendra par vous le but de ses souhaits,
Et vous accusera de violer la paix;
Et le roi, plus piqué contre vous que contre elle,
Vous voyant lui porter une guerre nouvelle,
Blâmera vos frayeurs et nos légèretés,
D'avoir osé douter de la foi des traités;
Et peut-être, pressé des guerres d'Arménie,
Vous laissera moquée, et la reine impunie.
   A ces honteux moyens gardez de recourir.
C'est ici qu'il vous faut ou régner ou périr.
Le ciel pour vous ailleurs n'a point fait de couronne;
Et l'on s'en rend indigne alors qu'on l'abandonne.

RODOGUNE

Ah ! que de vos conseils j'aimerais la vigueur,
Si nous avions la force égale à ce grand cœur !
Mais pourrons-nous braver une reine en colère
Avec ce peu de gens que m'a laissés mon frère?

ORONTE

J'aurais perdu l'esprit, si j'osais me vanter
Qu'avec ce peu de gens nous pussions résister.
Nous mourrons à vos pieds, c'est toute l'assistance
Que vous peut en ces lieux offrir notre impuissance :
Mais pouvez-vous trembler quand dans ces mêmes
[lieux
Vous portez le grand maître et des rois et des dieux ?
L'amour fera lui seul tout ce qu'il vous faut faire.
Faites-vous un rempart des fils contre la mère ;
Ménagez bien leur flamme, ils voudront tout pour
[vous ;
Et ces astres naissants sont adorés de tous.
Quoi que puisse en ces lieux une reine cruelle,
Pouvant tout sur ses fils, vous y pouvez plus qu'elle.
Cependant trouvez bon qu'en ces extrémités
Je tâche à rassembler nos Parthes écartés ;
Ils sont peu, mais vaillants, et peuvent de sa rage
Empêcher la surprise et le premier outrage.
Craignez moins ; et surtout, madame, en ce grand jour,
Si vous voulez régner, faites régner l'amour.

SCÈNE III

RODOGUNE.

Quoi ! je pourrais descendre à ce lâche artifice
D'aller de mes amants mendier le service,
Et, sous l'indigne appât d'un coup d'œil affété,
J'irais jusqu'en leur cœur chercher ma sûreté !

Celles de ma naissance ont horreur des bassesses ;
Leur sang tout généreux hait ces molles adresses.
Quel que soit le secours qu'ils me puissent offrir,
Je croirai faire assez de le daigner souffrir :
Je verrai leur amour, j'éprouverai sa force,
Sans flatter leurs désirs, sans leur jeter d'amorce ;
Et, s'il est assez fort pour me servir d'appui,
Je le ferai régner, mais en régnant sur lui.
   Sentiments étouffés de colère et de haine,
Rallumez vos flambeaux à celles de la reine,
Et d'un oubli contraint rompez la dure loi,
Pour rendre enfin justice aux mânes d'un grand roi ;
Rapportez à mes yeux son image sanglante,
D'amour et de fureur encore étincelante,
Telle que je le vis, quand tout percé de coups
Il me cria : « Vengeance ! !Adieu ; je meurs pour
                                              [vous ! »
Chère ombre, hélas ! bien loin de l'avoir poursuivie,
J'allais baiser la main qui t'arracha la vie,
Rendre un respect de fille à qui versa ton sang :
Mais pardonne au devoir que m'impose mon rang :
Plus la haute naissance approche des couronnes,
Plus cette grandeur même asservit nos personnes ;
Nous n'avons point de cœur pour aimer ni haïr ;
Toutes nos passions ne savent qu'obéir.
Après avoir armé pour venger cet outrage,
D'une paix mal conçue on m'a faite le gage ;
Et moi, fermant les yeux sur ce noir attentat,
Je suivais mon destin en victime d'État :
Mais aujourd'hui qu'on voit cette main parricide,
Des restes de ta vie insolemment avide,
Vouloir encor percer ce sein infortuné,
Pour y chercher le cœur que tu m'avais donné,
De la paix qu'elle rompt je ne suis plus le gage ;
Je brise avec honneur mon illustre esclavage ;
J'ose reprendre un cœur pour aimer et haïr,
Et ce n'est plus qu'à toi que je veux obéir.

Le consentiras-tu cet effort sur ma flamme (1),
Toi, son vivant portrait, que j'adore dans l'âme,
Cher prince, dont je n'ose en mes plus doux souhaits
Fier encor le nom aux murs de ce palais?
Je sais quelles seront tes douleurs et tes craintes;
Je vois déjà tes maux, j'entends déjà tes plaintes :
Mais pardonne aux devoirs qu'exige enfin un roi
A qui tu dois le jour qu'il a perdu pour moi.
J'aurai mêmes douleurs, j'aurai mêmes alarmes;
S'il t'en coûte un soupir, j'en verserai des larmes.
    Mais, dieux! que je me trouble en les voyant tous
                            deux!
Amour, qui me confonds, cache du moins tes feux;
Et content de mon cœur dont je te fais le maître,
Dans mes regards surpris garde-toi de paraître.

SCÈNE IV

ANTIOCHUS, SÉLEUCUS, RODOGUNE.

ANTIOCHUS

Ne vous offensez pas, princesse, de nous voir
De vos yeux à vous-même expliquer le pouvoir.
Ce n'est pas d'aujourd'hui que nos cœurs en soupirent;
A vos premiers regards tous deux ils se rendirent;
Mais un profond respect nous fit taire et brûler;
Et ce même respect nous force de parler.
    L'heureux moment approche où votre destinée
Semble être aucunement à la nôtre enchaînée,
Puisque d'un droit d'aînesse incertain parmi nous
La nôtre attend un sceptre, et la vôtre un époux.
C'est trop d'indignité, que notre souveraine
De l'un de ses captifs tienne le nom de reine;

---

(1) L'emploi de *consentir*, comme verbe actif, dans le sens
depermettre, souffrir, est assez fréquent chez les auteurs.

Notre amour s'en offense, et, changeant cette loi,
Remet à notre reine à nous choisir un roi.
Ne vous abaissez plus à suivre la couronne ;
Donnez-la, sans souffrir qu'avec elle on vous donne ;
Réglez notre destin, qu'ont mal réglé les dieux ;
Notre seul droit d'aînesse est de plaire à vos yeux :
L'ardeur qu'allume en nous une flamme si pure
Préfère votre choix au choix de la nature,
Et vient sacrifier à notre élection (1)
Toute notre espérance et notre ambition.
    Prononcez donc, madame, et faites un monarque :
Nous céderons sans honte à cette illustre marque ;
Et celui qui perdra votre divin objet
Demeurera du moins votre premier sujet ;
Son amour immortel saura toujours lui dire
Que ce rang près de vous vaut ailleurs un empire ;
Il y mettra sa gloire, et, dans un tel malheur,
L'heur de vous obéir flattera sa douleur.

RODOGUNE

Princes, je dois beaucoup à cette déférence
De votre ambition et de votre espérance ;
Et j'en recevrais l'offre avec quelque plaisir,
Si celles de mon rang avaient droit de choisir.
Comme sans leur avis les rois disposent d'elles
Pour affermir leur trône ou finir leurs querelles,
Le destin des États est arbitre du leur,
Et l'ordre des traités règle tout dans leur cœur.
C'est lui que suit le mien, et non pas la couronne :
J'aimerai l'un de vous, parce qu'il me l'ordonne ;
Du secret révélé j'en prendrai le pouvoir,
Et mon amour pour naître attendra mon devoir.

---

(1) Corneille a plusieurs fois employé ainsi *élection* dans le
sens de choix, choix de cœur.

N'attendez rien de plus, ou votre attente est vaine.
Le choix que vous m'offrez appartient à la reine;
J'entreprendrais sur elle à l'accepter de vous.
Peut-être on vous a tû jusqu'où va son courroux;
Mais je dois par épreuve assez bien le connaître
Pour fuir l'occasion de le faire renaître.
Que n'en ai-je souffert, et que n'a-t-elle osé!
Je veux croire avec vous que tout est apaisé;
Mais craignez avec moi que ce choix ne ranime
Cette haine mourante à quelque nouveau crime (1):
Pardonnez-moi ce mot qui viole un oubli
Que la paix entre nous doit avoir établi.
Le feu qui semble éteint souvent dort sous la cendre;
Qui l'ose réveiller peut s'en laisser surprendre;
Et je mériterais qu'il me pût consumer,
Si je lui fournissais de quoi se rallumer.

SÉLEUCUS

Pouvez-vous redouter sa haine renaissante,
S'il est en votre main de la rendre impuissante?
Faites un roi, madame, et régnez avec lui;
Son courroux désarmé demeure sans appui,
Et toutes ses fureurs sans effet rallumées
Ne pousseront en l'air que de vaines fumées.
Mais a-t-elle intérêt au choix que vous ferez,
Pour un craindre les maux que vous vous figurez?
La couronne est à nous; et, sans lui faire injure,
Sans manquer de respect aux droits de la nature,
Chacun de nous à l'autre en peut céder sa part,
Et rendre à votre choix ce qu'il doit au hasard.
Qu'un si faible scrupule en notre faveur cesse:
Votre inclination vaut bien un droit d'aînesse,

---

(1) *Ranimer* n'est pas ordinairement suivi d'un régime indirect, mais pourquoi ne dirait-on pas *ranimer à*, comme *animer à*?

Dont vous seriez traitée avec trop de rigueur,
S'il se trouvait contraire aux vœux de votre cœur.
On vous applaudirait quand vous seriez à plaindre ;
Pour vous faire régner ce serait vous contraindre,
Vous donner la couronne en vous tyrannisant,
Et verser du poison sur ce noble présent.
Au nom de ce beau feu qui tous deux nous consume,
Princesse, à notre espoir ôtez cette amertume ;
Et permettez que l'heur qui suivra votre époux
Se puisse redoubler à le tenir de vous.

RODOGUNE

Ce beau feu vous aveugle autant comme il vous brûle ;
Et, tâchant d'avancer, son effort vous recule,
Vous croyez que ce choix que l'un et l'autre attend
Pourra faire un heureux sans faire un mécontent ;
Et moi, quelque vertu que votre cœur prépare,
Je crains d'en faire deux si le mien se déclare :
Non que de l'un et l'autre il dédaigne les vœux ;
Je tiendrais à bonheur d'être à l'un de vous deux ;
Mais souffrez que je suive enfin ce qu'on m'ordonne :
Je me mettrai trop haut s'il faut que je me donne ;
Quoique aisément je cède aux ordres de mon roi,
Il n'est pas bien aisé de m'obtenir de moi.
Savez-vous quels devoirs, quels travaux, quels services,
Voudront de mon orgueil exiger les caprices ?
Par quels degrés de gloire on me peut mériter (1)?
En quels affreux périls il faudra vous jeter ?
Ce cœur vous est acquis après le diadème,
Princes, mais gardez-vous de le rendre à lui-même.
Vous y renoncerez peut-être pour jamais,
Quand je vous aurai dit à quel prix je le mets.

---

(1) Elle appelle un parricide *degré de gloire*, si elle parle sérieusement, elle dit une chose aussi affreuse que fausse ; si c'est une ironie, c'est joindre le comique à l'horreur. (V.)

SÉLEUCUS

Quels seront les devoirs, quels travaux, quels services,
Dont nous nous ne fassions d'amoureux sacrifices?
Et quels affreux périls pourrons-nous redouter,
Si c'est par ces degrés qu'on peut vous mériter?

ANTIOCHUS

Princesse, ouvrez ce cœur, et jugez mieux du nôtre;
Jugez mieux du beau feu qui brûle l'un et l'autre;
Et dites hautement à quel prix votre choix
Veut faire l'un de nous le plus heureux des rois.

RODOGUNE

Princes, le voulez-vous?

ANTIOCHUS

                    C'est notre unique envie.

RODOGUNE

Je verrai cette ardeur d'un repentir suivie,

SÉLEUCUS

Avant ce repentir tous deux nous périrons.

RODOGUNE

Enfin vous le voulez?

SÉLEUCUS

                    Nous vous en conjurons.

RODOGUNE

Eh bien, donc! Il est temps de me faire connaître.
J'obéis à mon roi, puisqu'un de vous doit l'être;
Mais quand j'aurai parlé, si vous vous en plaignez,
J'atteste tous les dieux que vous m'y contraignez,
Et que c'est malgré moi qu'à moi-même rendue
J'écoute une chaleur qui m'était défendue;

Qu'un devoir rappelé me rend un souvenir
Que la foi des traités ne doit plus retenir.
Tremblez, princes, tremblez au nom de votre père :
Il est mort, et pour moi, par les mains d'une mère.
Je l'avais oublié, sujette à d'autres lois;
Mais libre, je lui rends enfin ce que je dois.
C'est à vous de choisir mon amour ou ma haine.
J'aime les fils du roi, je hais ceux de la reine :
Réglez-vous là-dessus; et, sans plus me presser,
Voyez auquel des deux vous voulez renoncer.
Il faut prendre parti ; mon choix suivra le vôtre :
Je respecte autant l'un que je déteste l'autre.
Mais ce que j'aime en vous du sang de ce grand roi,
S'il n'est digne de lui, n'est pas digne de moi.
Ce sang que vous portez(1), ce trône qu'il vous laisse,
Valent bien que pour lui votre cœur s'intéresse.
Votre gloire le veut, l'amour vous le prescrit,
Qui peut contre elle et lui soulever votre esprit?
Si vous leur préférez une mère cruelle,
Soyez cruels, ingrats, parricides comme elle :
Vous devez la punir, si vous la condamnez;
Vous devez l'imiter, si vous la soutenez.
Quoi! cette ardeur s'éteint! l'un et l'autre soupire!
J'avais su le prévoir, j'avais su le prédire...

ANTIOCHUS

Princesse...

RODOGUNE

    Il n'est plus temps, le mot en est lâché :
Quand j'ai voulu me taire, en vain je l'ai tâché :
Appelez ce devoir haine, rigueur, colère ;
Pour gagner Rodogune il faut venger un père ;

(1) On ne porte point un sang : il était aisé de dire : *ce sang qui coule en vous,* ou *le sang dont vous sortez.* (V.)

Je me donne à ce prix : osez me mériter,
Et voyez qui de vous daignera m'accepter,
Adieu, princes.

SCÈNE V

ANTIOCHUS, SÉLEUCUS

ANTIOCHUS

Hélas ! c'est donc ainsi qu'on traite
Les plus profonds respects d'une amour si parfaite !

SÉLEUCUS

Elle nous fuit, mon frère, après cette rigueur.

ANTIOCHUS

Elle fuit, mais en Parthe, en nous perçant le cœur.

SÉLEUCUS

Que le ciel est injuste ! Une âme si cruelle
Méritait notre mère, et devait naître d'elle.

ANTIOCHUS

Plaignons-nous sans blasphème.

SÉLEUCUS

Ah ! que vous me gênez
Par cette retenue où vous vous obstinez !
Faut-il encor régner ? faut-il l'aimer encore ?

ANTIOCHUS

Il faut plus de respect pour celle qu'on adore,

SÉLEUCUS

C'est ou d'elle ou du trône être ardemment épris,
Que vouloir ou l'aimer ou régner à ce prix.

ANTIOCHUS

C'est et d'elle et de lui tenir bien peu de compte,
Que faire une révolte et si pleine et si prompte.

SÉLEUCUS

Lorsque l'obéissance a tant d'impiété,
La révolte devient une nécessité.

ANTIOCHUS

La révolte, mon frère, est bien précipitée
Quand la loi qu'elle rompt peut être rétractée ;
Et c'est à nos désirs trop de témérité
De vouloir de tels biens avec facilité :
Le ciel par les travaux veut qu'on monte à la gloire;
Pour gagner un triomphe il faut une victoire.
Mais que je tâche en vain de flatter nos tourments !
Nos malheurs sont plus forts que ces déguisements,
Leur excès à mes yeux paraît un noir abîme
Où la haine s'apprête à couronner le crime,
Où la gloire est sans nom, la vertu sans honneur,
Où sans un parricide il n'est point de bonheur;
Et, voyant de ces maux l'épouvantable image,
Je me sens affaiblir quand je vous encourage;
Je frémis, je chancelle, et mon cœur abattu
Suit tantôt sa douleur, et tantôt sa vertu.
Mon frère, pardonnez à des discours sans suite,
Qui font trop voir le trouble où mon âme est réduite·

SÉLEUCUS

J'en ferais comme vous, si mon esprit troublé
Ne secouait le joug dont il est accablé.
Dans mon ambition, dans l'ardeur de ma flamme,
Je vois ce qu'est un trône et ce qu'est une femme;
Et, jugeant par leur prix de leur possession,
J'éteins enfin ma flamme et mon ambition;

Et je vous céderais l'un et l'autre avec joie,
Si, dans la liberté que le ciel me renvoie,
La crainte de vous faire un funeste présent
Ne me jetait dans l'âme un remords trop cuisant,
Dérobons-nous, mon frère, à ces âmes cruelles,
Et laissons-les sans nous achever leurs querelles.

ANTIOCHUS

Comme j'aime beaucoup, j'espère encore un peu.
L'espoir ne peut s'éteindre où brûle tant de feu;
Et son reste confus me rend quelques lumières
Pour juger mieux que vous de ces âmes si fières.
Croyez-moi, l'une et l'autre a redouté nos pleurs :
Leur fuite à nos soupirs a dérobé leurs cœurs;
Et, si tantôt leur haine eût attendu nos larmes,
Leur haine à nos douleurs aurait rendu les armes.

SÉLEUCUS

Pleurez donc à leurs yeux, gémissez, soupirez,
Et je craindrai pour vous ce que vous espérez.
Quoi qu'en votre faveur vos pleurs obtiennent d'elles,
Il vous faudra parer leurs haines mutuelles,
Sauver l'une de l'autre ; et peut-être leurs coups,
Vous trouvant au milieu, ne perceront que vous.
C'est ce qu'il faut pleurer. Ni maîtresse ni mère
N'ont plus de choix ici ni de lois à nous faire ;
Quoi que leur rage exige ou de vous ou de moi,
Rodogune est à vous, puisque je vous fais roi.
Épargnez vos soupirs près de l'une et de l'autre.
J'ai trouvé mon bonheur, saisissez-vous du vôtre :
Je n'en suis point jaloux ; et ma triste amitié
Ne le verra jamais que d'un œil de pitié.

SCÈNE VI

ANTIOCHUS

Que je serais heureux si je n'aimais un frère ?
Lorsqu'il ne veut pas voir le mal qu'il se veut faire.
Mon amitié s'oppose à son aveuglement :
Elle agira pour vous, mon frère, également,
Et n'abusera point de cette violence
Que l'indignation fait à votre espérance.
La pesanteur du coup souvent nous étourdit.
On le croit repoussé quand il s'approfondit ;
Et quoiqu'un juste orgueil sur l'heure persuade,
Qui ne sent point son mal est d'autant plus malade ;
Ces ombres de santé cachent mille poisons,
Et la mort suit de près ces fausses guérisons.
Daignent les justes dieux rendre vain ce présage !
Cependant allons voir si nous vaincrons l'orage,
Et si, contre l'effort d'un si puissant courroux,
La nature et l'amour voudront parler pour nous.

ACTE QUATRIÈME

SCÈNE PREMIÈRE

ANTIOCHUS, RODOGUNE

RODOGUNE

PRINCE, qu'ai-je entendu ? parce que je soupire,
Vous présumez que j'aime, et vous m'osez le dire ?
Est-ce un frère est-ce vous dont la témérité
S'imagine...

ANTIOCHUS

Apaisez ce courage irrité,
Princesse; aucun de nous ne serait téméraire
Jusqu'à s'imaginer qu'il eût l'heur de vous plaire;
Je vois votre mérite et le peu que je vaux,
Et ce rival si cher connaît mieux ses défauts.
Mais si tantôt ce cœur parlait par votre bouche,
Il veut que nous croyions qu'un peu d'amour le touche.
Et qu'il daigne écouter quelques-uns de nos vœux,
Puisqu'il tient à bonheur d'être à l'un de nous deux.
Si c'est présomption de croire ce miracle,
C'est une impiété de douter de l'oracle,
Et mériter les maux où vous nous condamnez,
Qu'éteindre un bel espoir que vous nous ordonnez.
Princesse, au nom des dieux, au nom de cette flamme...

RODOGUNE

Un mot ne fait pas voir jusques au fond d'une âme;
Et votre espoir trop prompt prend trop de vanité
Des termes obligeants de ma civilité.
Je l'ai dit, il est vrai; mais, quoi qu'il en puisse être,
Méritez cet amour que vous voulez connaître.
Lorsque j'ai soupiré, ce n'était pas pour vous;
J'ai donné ces soupirs aux mânes d'un époux (1);
Et ce sont les effets du souvenir fidèle
Que sa mort à toute heure en mon âme rappelle.
Princes, soyez ses fils, et prenez son parti :

(1) Il est expliqué très-clairement, dans les premiers actes, que jamais Rodogune n'a épousé Nicanor. Elle était, comme nous l'avons dit, promise à ce prince; et c'est dans ce sens qu'elle peut le nommer son époux; mais il n'exista point de mariage. Rodogune, en un mot, ne fut jamais, à l'égard de Nicanor, que ce que Monime croyait être à l'égard de Mithridate, *veuve sans avoir eu d'époux*. (Palissot.)

ANTIOCHUS

Recevez donc son cœur en nous deux réparti ;
Ce cœur, qu'un saint amour rangea sous votre em-
[pire,
Ce cœur, pour qui le vôtre à tous moments soupire,
Ce cœur, en vous aimant indignement percé,
Reprend pour vous aimer le sang qu'il a versé ;
Il le reprend en nous, il revit, il vous aime,
Et montre, en vous aimant, qu'il est encor le même.
Ah ! princesse, en l'état où le sort nous a mis,
Pouvons-nous mieux montrer que nous sommes ses
[fils ?

RODOGUNE

Si c'est son cœur en vous qui revit et qui m'aime,
Faites ce qu'il ferait s'il vivait en lui-même ;
A ce cœur qu'il vous laisse osez prêter un bras :
Pouvez-vous le porter et ne l'écouter pas ?
S'il vous explique mal ce qu'il en doit attendre,
Il emprunte ma voix pour se mieux faire entendre.
Une seconde fois il vous le dit par moi :
Prince, il faut le venger.

ANTIOCHUS

        J'accepte cette loi.
Nommez les assassins, et j'y cours.

RODOGUNE

        Quel mystère
Vous fait, en l'acceptant, méconnaître une mère ?

ANTIOCHUS

Ah ! si vous ne voulez voir finir nos destins,
Nommez d'autres vengeurs ou d'autres assassins.

RODOGUNE

Ah! je vois trop régner son parti dans votre âme ;
Prince, vous le prenez.

ANTIOCHUS

Oui, je le prends, madame,
Et j'apporte à vos pieds le plus pur de son sang
Que la nature enferme en ce malheureux flanc.
Satisfaites vous-même à cette voix secrète
Dont la vôtre envers nous daigne être l'interprète :
Exécutez son ordre ; et hâtez-vous sur moi
De punir une reine et de venger un roi :
Mais quitte par ma mort d'un devoir si sévère,
Écoutez-en un autre en faveur de mon frère.
De deux princes unis à soupirer pour vous
Prenez l'un pour victime, et l'autre pour époux ;
Punissez un des fils des crimes de la mère (1),
Mais payez l'autre aussi des services du père ;
Et laissez un exemple à la postérité
Et de rigueur entière et d'entière équité.
Quoi ! n'écouterez-vous ni l'amour ni la haine ?
Ne pourrai-je obtenir ni salaire ni peine ?
Ce cœur qui vous adore, et que vous dédaignez..

RODOGUNE

Hélas, prince !

(1) Peut-on sérieusement dire à Rodogune : *Tuez l'un de nous deux, et épousez l'autre*, et se complaire dans cette pensée aussi froide que barbare, et la retourner en deux ou trois façons ? Corneille fait dire à Sabine, dans *les Horaces* : *Que l'un de vous me tue, et que l'autre me venge ;* il répète ici cette pensée, mais il la délaye, il la rend insipide ; tous ces froids efforts de l'esprit ne sont que des amplifications. Ce n'est pas là Virgile, ce n'est pas là Racine. (V.)

ANTIOCHUS

Est-ce encor le roi que vous plaignez (1)!
Ce soupir ne va-t-il que vers l'ombre d'un père?

RODOGUNE

Allez, ou pour le moins rappelez votre frère :
Le combat pour mon âme était moins dangereux
Lorsque je vous avais à combattre tous deux :
Vous êtes plus fort seul que vous n'étiez ensemble ;
Je vous bravais tantôt, et maintenant je tremble.
J'aime ; n'abusez pas, prince, de mon secret :
Au milieu de ma haine il m'échappe à regret ;
Mais enfin il m'échappe, et cette retenue
Ne peut plus soutenir l'effort de votre vue.
Oui, j'aime un de vous deux malgré ce grand cour-
[roux,
Et ce dernier soupir dit assez que c'est vous.
Un rigoureux devoir à cet amour s'oppose :
Ne m'en accusez point, vous en êtes la cause ;
Vous l'avez fait renaître en me pressant d'un choix
Qui rompt de vos traités les favorables lois.
D'un père mort pour moi voyez le sort étrange :
Si vous me laissez libre, il faut que je le venge (2) ;
Et mes feux dans mon âme ont beau s'en mutiner (3),
Ce n'est qu'à ce prix seul que je puis me donner :

(1) Ce mélange de tendresse naïve et d'atrocités affreuses
n'est pas supportable. (V.)
(2) Voltaire avait dit : « Pourquoi ? Elle a donc été sa femme ?
mais si elle ne l'a point été, elle n'est point du tout obligée de
venger Nicanor ; elle n'est obligée qu'à remplir les conditions
de la paix, qui interdisent toute vengeance : ainsi elle raisonne
fort mal. » Palissot réplique justement : « Elle n'a point été
sa femme ; mais elle pourrait se croire obligée de venger
un prince dont elle était aimée, et à qui elle avait été promise. »
(3) Des feux qui se mutinent ! cela est impropre ; et s'en
mutinent est encore plus mauvais : on ne se mutine point de ;

Mais ce n'est pas de vous qu'il faut que je l'attende (1),
Votre refus est juste autant que ma demande.
A force de respect votre amour s'est trahi.
Je voudrais vous haïr s'il m'avait obéi ;
Et je n'estime pas l'honneur d'une vengeance
Jusqu'à vouloir d'un crime être la récompense (2) ;

mutiner est un verbe qui n'a point de régime. Cette scène est un entassement de barbarismes et de solécismes, autant que de pensées fausses. Ce sont ces défauts, applaudis par quelques ignorants entêtés, que Boileau avait en vue, quand il disait, dans son *Art poétique* :

> Mon esprit n'admet point un pompeux barbarisme,
> Ni d'un vers ampoulé l'orgueilleux solécisme. (V.)

(1) Pourquoi l'a-t-elle donc demandé ? Toutes ces contradictions sont la suite de cette proposition révoltante qu'elle a faite d'assassiner sa belle-mère ; une faute en attire cent autres. (V.)

(2) Voltaire avait fait cette critique : Y a-t-il de l'honneur dans cette vengeance ? Elle change à présent d'avis ; elle ne voudrait plus d'Antiochus, s'il avait tué sa mère : ce n'est pas là assurément le caractère qu'exigent Horace et Boileau :

> Qu'en tout avec soi-même il se montre d'accord,
> Et qu'il soit jusqu'au bout tel qu'on l'a vu d'abord.

Palissot oppose encore cette réponse victorieuse au trop sévère commentateur : « Elle ne change ni d'avis ni de caractère; elle prouve seulement que jamais elle n'avait eu l'intention de faire sérieusement aux deux princes une proposition dont elle savait bien que l'un et l'autre seraient infailliblement révoltés. Voilà du moins ce que, dans l'examen de sa pièce, Corneille oppose aux objections qu'on lui fit de son temps, et que Voltaire n'a fait que renouveler. Quant à nous, il nous semble que le grand succès de cette tragédie, principalement dans sa nouveauté, est une preuve très-forte que le public ne se méprit jamais sur la véritable intention de Corneille. Il n'imagina point, puisqu'il n'en fut point révolté, que la proposition de Rodogune pût être sérieuse. Mais quand il vit, au dénouement, toutes les beautés que Corneille avait su tirer d'une invention qui peut n'être pas exempte de reproche, mais qui lui fournit le plus beau cinquième acte qu'il y ait peut-être sur aucun théâtre, alors il ne sut plus qu'admirer. »

Rentrons donc sous les lois que m'impose la paix,
Puisque m'en affranchir c'est vous perdre à jamais.
Prince, en votre faveur je ne puis davantage :
L'orgueil de ma naissance enfle encor mon courage,
Et, quelque grand pouvoir que l'amour ait sur moi,
Je n'oublierai jamais que je me dois au roi.
Oui, malgré mon amour, j'attendrai d'une mère
Que le trône me donne ou vous ou votre frère.
Attendant son secret, vous aurez mes désirs;
Et s'il le fait régner, vous aurez mes soupirs :
C'est tout ce qu'à mes feux ma gloire peut permettre,
Et tout ce qu'à vos feux les miens osent promettre.

ANTIOCHUS

Que voudrais-je de plus? son bonheur est le mien;
Rendez heureux ce frère, et je ne perdrai rien.
L'amitié le consent, si l'amour l'appréhende,
Je bénirai le ciel d'une perte si grande ;
Et, quittant les douceurs de cet espoir flottant,
Je mourrai de douleur, mais je mourrai content.

RODOGUNE

Et moi, si mon destin entre ses mains me livre,
Pour un autre que vous s'il m'ordonne de vivre,
Mon amour... Mais adieu ; mon esprit se confond.
Prince, si votre flamme à la mienne répond,
Si vous n'êtes ingrat à ce cœur qui vous aime,
Ne me revoyez point qu'avec le diadème.

SCÈNE II

ANTIOCHUS

Les plus doux de mes vœux enfin sont exaucés.
Tu viens de vaincre, amour ; mais ce n'est pas assez :

Si tu veux triompher en cette conjoncture,
Après avoir vaincu, fais vaincre la nature :
Et prête-lui pour nous ces tendres sentiments
Que ton ardeur inspire aux cœurs des vrais amants,
Cette pitié qui force, et ces dignes faiblesses
Dont la vigueur détruit les fureurs vengeresses.
Voici la reine. Amour, nature, justes dieux,
Faites-la-moi fléchir, ou mourir à ses yeux.

SCÈNE III

CLÉOPATRE, ANTIOCHUS, LAONICE.

CLÉOPATRE

Eh bien ! Antiochus, vous dois-je la couronne ?

ANTIOCHUS

Madame, vous savez si le ciel me la donne.

CLÉOPATRE

Vous savez mieux que moi si vous la méritez.

ANTIOCHUS

Je sais que je péris si vous ne m'écoutez.

CLÉOPATRE

Un peu trop lent peut-être à servir ma colère,
Vous vous êtes laissé prévenir par un frère ?
Il a su me venger quand vous délibériez,
Et je dois à son bras ce que vous espériez ?
Je vous en plains, mon fils, ce malheur est extrême :
C'est périr en effet que perdre un diadème.
Je n'y sais qu'un remède, encore est-il fâcheux,
Étonnant, incertain, et triste pour tous deux ;
Je périrai moi-même, avant que de le dire ;
Mais enfin on perd tout quand on perd un empire.

ANTIOCHUS

Le remède à nos maux est tout en votre main,
Et n'a rien de fâcheux, d'étonnant, d'incertain ;
Votre seule colère a fait notre infortune.
Nous perdons tout, madame, en perdant Rodogune :
Nous l'adorons tous deux ; jugez en quels tourments
Nous jette la rigueur de vos commandements,
L'aveu de cet amour sans doute vous offense ;
Mais enfin nos malheurs croissent par le silence ;
Et votre cœur qu'aveugle un peu d'inimitié,
S'il ignore nos maux, n'en peut prendre pitié.
Au point où je les vois, c'en est le seul remède.

CLÉOPATRE

Quelle aveugle fureur vous-même vous possède !
Avez-vous oublié que vous parlez à moi ?
Ou si vous présumez être déjà mon roi ?

ANTIOCHUS

Je tâche avec respect à vous faire connaître
Les forces d'un amour que vous avez fait naître.

CLÉOPATRE

Moi, j'aurais allumé cet insolent amour ?

ANTIOCHUS

Et quel autre prétexte a fait notre retour ?
Nous avez-vous mandés qu'afin qu'un droit d'aînesse
Donnât à l'un de nous le trône et la princesse ?
Vous avez bien fait plus, vous nous l'avez fait voir ;
Et c'était par vos mains nous mettre en son pouvoir.
Qui de nous deux, madame, eût osé s'en défendre,
Quand vous nous ordonniez à tous deux d'y prétendre ?
Si sa beauté dès lors n'eût allumé nos feux,
Le devoir auprès d'elle eût attaché nos vœux ;
Le désir de régner eût fait la même chose ;
Et, dans l'ordre des lois que la paix nous impose,

Nous devions aspirer à sa possession
Par amour, par devoir, ou par ambition.
Nous avons donc aimé, nous avons cru vous plaire ;
Chacun de nous n'a craint que le bonheur d'un frère ;
Et cette crainte enfin cédant à l'amitié,
J'implore pour tous deux un moment de pitié.
Avons-nous dû prévoir cette haine cachée,
Que la foi des traités n'avait point arrachée ?

CLÉOPATRE

Non, mais vous avez dû garder le souvenir
Des hontes que pour vous j'avais su prévenir,
Et de l'indigne état où votre Rodogune
Sans moi, sans mon courage, eût mis votre fortune.
Je croyais que vos cœurs, sensibles à ses coups,
En sauraient conserver un généreux courroux ;
Et je le retenais avec ma douceur feinte,
Afin que, grossissant sous un peu de contrainte.
Ce torrent de colère et de ressentiment
Fût plus impétueux en son débordement.
Je fais plus maintenant : je presse, sollicite,
Je commande, menace, et rien ne vous irrite.
Le sceptre dont ma main vous doit récompenser,
N'a point de quoi vous faire un moment balancer ;
Vous ne considérez ni lui ni mon injure ;
L'amour étouffe en vous la voix de la nature :
Et je pourrais aimer des fils dénaturés !

ANTIOCHUS

La nature et l'amour ont leurs droits séparés ;
L'un n'ôte point à l'autre une âme qu'il possède.

CLÉOPATRE

Non, non ; où l'amour règne il faut que l'autre cède.

ANTIOCHUS

Leurs charmes à nos cœurs sont également doux.
Nous périrons tous deux s'il faut périr pour vous ;
Mais aussi...

CLÉOPATRE

Poursuivez, fils ingrat et rebelle.

ANTIOCHUS

Nous périrons tous deux s'il faut périr pour elle.

CLÉOPATRE

Périssez, périssez ! votre rébellion
Mérite plus d'horreur que de compassion.
Mes yeux sauront le voir sans verser une larme,
Sans regarder en vous que l'objet qui vous charme ;
Et je triompherai, voyant périr mes fils,
De ses adorateurs et de mes ennemis.

ANTIOCHUS

Eh bien ! triomphez-en, que rien ne vous retienne :
Votre main tremble-t-elle ? y voulez-vous la mienne
Madame, commandez, je suis prêt d'obéir ;
Je percerai ce cœur qui vous ose trahir :
Heureux si par ma mort je puis vous satisfaire,
Et noyer dans mon sang toute votre colère !
Mais si la dureté de votre aversion
Nomme encor notre amour une rébellion,
Du moins souvenez-vous qu'elle n'a pris pour armes
Que de faibles soupirs et d'impuissantes larmes.

CLÉOPATRE

Ah ! que n'a-t-elle pris et la flamme et le fer !
Que bien plus aisément j'en saurais triompher.
Vos larmes dans mon cœur ont trop d'intelligence ;
Elles ont presque éteint cette ardeur de vengeance

Je ne puis refuser des soupirs à vos pleurs ;
Je sens que je suis mère auprès de vos douleurs.
C'en est fait, je me rends, et ma colère expire.
Rodogune est à vous, aussi bien que l'empire ;
Rendez grâces aux dieux qui vous ont fait l'aîné.
Possédez-la, régnez.

ANTIOCHUS

O moment fortuné !
O trop heureuse fin de l'excès de ma peine !
Je rends grâces aux dieux qui calment votre haine.
Madame, est-il possible ?

CLÉOPATRE

En vain j'ai résisté,
La nature est trop forte, et mon cœur s'est dompté,
Je ne vous dis plus rien ; vous aimez votre mère,
Et votre amour pour moi taira ce qu'il faut taire.

ANTIOCHUS

Quoi ! je triomphe donc sur le point de périr !
La main qui me blessait a daigné me guérir !

CLÉOPATRE

Oui, je veux couronner une flamme si belle,
Allez à la princesse en porter la nouvelle ;
Son cœur comme le vôtre en deviendra charmé :
Vous n'aimeriez pas tant si vous n'étiez aimé.

ANTIOCHUS

Heureux Antiochus ! heureuse Rodogune !
Oui, madame, entre nous la joie en est commune,

CLÉOPATRE

Allez donc ; ce qu'ici vous perdez de moments
Sont autant de larcins à vos contentements ;

Et ce soir, destiné pour la cérémonie,
Fera voir pleinement si ma haine est finie.

ANTIOCHUS

Et nous vous ferons voir tous nos désirs bornés
A vous donner en nous des sujets couronnés.

SCÈNE IV

CLÉOPATRE, LAONICE

LAONICE

Enfin ce grand courage a vaincu sa colère.

CLÉOPATRE

Que ne peut point un fils sur le cœur d'une mère !

LAONICE

Vos pleurs coulent encore, et ce cœur adouci...

CLÉOPATRE

Envoyez-moi son frère, et nous laissez ici.
Sa douleur sera grande, à ce que je présume ;
Mais j'en saurai sur l'heure adoucir l'amertume
Ne lui témoignez rien : il lui sera plus doux
D'apprendre tout de moi, qu'il ne serait de vous.

SCÈNE V (1)

CLÉOPATRE

Que tu pénètres mal le fond de mon courage !
Si je verse des pleurs, ce sont des pleurs de rage ;

(1) On dit qu'au théâtre on n'aime pas les scélérats. Il n'y a
point de criminelle plus odieuse que Cléopâtre, et cependant on

Et ma haine, qu'en vain tu crois s'évanouir,
Ne les a fait couler qu'afin de t'éblouir.
Je ne veux plus que moi dedans ma confidence.
Et toi, crédule amant, que charme l'apparence,
Et dont l'esprit léger s'attache avidement
Aux attraits captieux de mon déguisement,
Va, triomphe en idée avec ta Rodogune;
Au sort des immortels préfère ta fortune;
Tandis que, mieux instruite en l'art de me venger,
En de nouveaux malheurs je saurai te plonger.
Ce n'est pas tout d'un coup que tant d'orgueil tré-
[buche.
De qui se rend trop tôt on doit craindre une embûche;
Et c'est mal démêler le cœur d'avec le front,
Que prendre pour sincère un changement si prompt.
L'effet te fera voir comme je suis changée.

SCÈNE VI

CLÉOPATRE, SÉLEUCUS

CLÉOPATRE

Savez-vous, Séleucus, que je me suis vengée?

SÉLEUCUS

Pauvre princesse, hélas!

se plaît à la voir; du moins le parterre, qui n'est pas toujours composé de connaisseurs sévères et délicats, s'est laissé subjuguer quand une actrice imposante a joué ce rôle : elle ennoblit l'horreur de son caractère par la fierté des traits dont Corneille la peint; on ne lui pardonne pas, mais on attend avec impatience ce qu'elle fera, après avoir promis Rodogune et le trône à son fils Antiochus. Si Corneille a manqué à son art dans les détails, il a rempli le grand projet de tenir les esprits en suspens, et d'arranger tellement les évènements, que personne ne peut deviner le dénoûment de cette tragédie. (V.)

CLÉOPATRE

Vous déplorez son sort !
Quoi ! l'aimiez-vous ?

SÉLEUCUS

Assez pour regretter sa mort.

CLÉOPATRE

Vous lui pouvez servir encor d'amant fidèle ;
Si j'ai su me venger, ce n'a pas été d'elle.

SÉLEUCUS

O ciel ! et de qui donc, madame ?

CLÉOPATRE

C'est de vous,
Ingrat, qui n'aspirez qu'à vous voir son époux ;
De vous qui l'adorez en dépit d'une mère ;
De vous qui dédaignez de servir ma colère ;
De vous, de qui l'amour, rebelle à mes désirs,
S'oppose à ma vengeance et détruit mes plaisirs.

SÉLEUCUS

De moi !

CLÉOPATRE

De toi, perfide ! Ignore, dissimule
Le mal que tu dois craindre et le feu qui te brûle ;
Et si pour l'ignorer tu crois t'en garantir,
Du moins en l'apprenant commence à le sentir.
Le trône était à toi par le droit de naissance ;
Rodogune avec lui tombait en ta puissance ;
Tu devais l'épouser, tu devais être roi !
Mais comme ce secret n'est connu que de moi,
Je puis, comme je veux, tourner le droit d'aînesse,
Et donne à ton rival ton sceptre et ta maîtresse.

SÉLEUCUS

A mon frère ?

CLÉOPATRE

C'est lui que j'ai nommé l'aîné.

SÉLEUCUS

Vous ne m'affligez point de l'avoir couronné ;
Et, par une raison qui vous est inconnue,
Mes propres sentiments vous avaient prévenue :
Les biens que vous m'ôtez n'ont point d'attraits s
                                                   [doux
Que mon cœur n'ait donnés à ce frère avant vous ;
Et, si vous bornez là toute votre vengeance,
Vos désirs et les miens seront d'intelligence.

CLÉOPATRE

C'est ainsi qu'on déguise un violent dépit ;
C'est ainsi qu'une feinte au dehors l'assoupit,
Et qu'on croit amuser de fausses patiences
Ceux dont en l'âme on craint les justes défiances.

SÉLEUCUS

Quoi ! je conserverais quelque courroux secret !

CLÉOPATRE

Quoi ! lâche, tu pourrais la perdre sans regret,
Elle de qui les dieux te donnaient l'hyménée,
Elle dont tu plaignais la perte imaginée ?

SÉLEUCUS

Considérer sa perte avec compassion,
Ce n'est pas aspirer à sa possession.

CLÉOPATRE

Que la mort la ravisse, ou qu'un rival l'emporte,
La douleur d'un amant est également forte :

Et tel qui se console après l'instant fatal
Ne saurait voir son bien aux mains de son rival :
Piqué jusques au vif, il tâche à le reprendre ;
Il fait de l'insensible, afin de mieux surprendre ;
D'autant plus animé, que ce qu'il a perdu
Par rang ou par mérite à sa flamme était dû.

SÉLEUCUS

Peut-être ; mais enfin par quel amour de mère
Pressez-vous tellement ma douleur contre un frère ?
Prenez-vous intérêt à la faire éclater ?

CLÉOPATRE

J'en prends à la connaître, et la faire avorter ;
J'en prends à conserver malgré toi mon ouvrage
Des jaloux attentats de ta secrète rage.

SÉLEUCUS

Je le veux croire ainsi ; mais quel autre intérêt
Nous fait tous deux aînés quand et comme il vous
[plaît ?
Qui des deux vous doit croire, et par quelle justice
Faut-il que sur moi seul tombe tout le supplice,
Et que du même amour dont nous sommes blessés
Il soit récompensé, quand vous m'en punissez ?

CLÉOPATRE

Comme reine, à mon choix je fais justice ou grâce ;
Et je m'étonne fort d'où vous vient cette audace,
D'où vient qu'un fils, vers moi noirci de trahison,
Ose de mes faveurs me demander raison.

SÉLEUCUS

Vous pardonnerez donc ces chaleurs indiscrètes :
Je ne suis point jaloux du bien que vous lui faites ;
Et je vois quel amour vous avez pour tous deux,
Plus que vous ne pensez, et plus que je ne veux :

Le respect me défend d'en dire davantage.
Je n'ai ni faute d'yeux ni faute de courage,
Madame ; mais enfin n'espérez voir en moi
Qu'amitié pour mon frère, et zèle pour mon roi.
Adieu.

SCÈNE VII

CLÉOPATRE

De quel malheur suis-je encore capable !
Leur amour m'offensait, leur amitié m'accable ;
Et contre mes fureurs je trouve en mes deux fils
Deux enfants révoltés et deux rivaux unis.
Quoi ! sans émotion perdre trône et maîtresse !
Quel est ici ton charme, odieuse princesse ?
Et par quel privilège, allumant de tels feux,
Peux-tu n'en prendre qu'un, et m'ôter tous les deux ?
N'espère pas pourtant triompher de ma haine :
Pour régner sur deux cœurs, tu n'es pas encor reine.
Je sais bien qu'en l'état où tous deux je les voi,
Il me les faut percer pour aller jusqu'à toi :
Mais n'importe ; mes mains sur le père enhardies
Pour un bras refusé sauront prendre deux vies ;
Leurs jours également sont pour moi dangereux :
J'ai commencé par lui, j'achèverai par eux.
Sors de mon cœur, nature, ou fais qu'ils m'obéissent :
Fais-les servir ma haine, ou consens qu'ils périssent.
Mais déjà l'un a vu que je les veux punir.
Souvent qui tarde trop se laisse prévenir.
Allons chercher le temps d'immoler mes victimes,
Et de me rendre heureuse à force de grands crimes.

ACTE CINQUIEME

SCÈNE PREMIÈRE

CLÉOPATRE

ENFIN, grâces aux dieux, j'ai moins d'un ennemi (1).
La mort de Séleucus m'a vengée à demi ;
Son ombre, en attendant Rodogune et son frère,
Peut déjà de ma part les promettre à son père.
Ils le suivront de près, et j'ai tout préparé
Pour réunir bientôt ce que j'ai séparé.
O toi, qui n'attends plus que la cérémonie
Pour jeter à mes pieds ma rivale punie,
Et par qui deux amants vont d'un seul coup du sort
Recevoir l'hyménée, et le trône, et la mort ;
Poison, me sauras-tu rendre mon diadème ?
Le fer m'a bien servie, en feras-tu de même ?
Me seras-tu fidèle ? Et toi, que me veux-tu,
Ridicule retour d'une sotte vertu,

---

(1)   Il n'est point de serpent, ni de monstre odieux
       Qui, par l'art imité, ne puisse plaire aux yeux.

Il faut bien que cela soit ainsi, puisque le public écoute
encore, non sans plaisir, ce monologue Je ne puis trahir ma
pensée jusqu'à déguiser la peine qu'il me fait : je trouve surtout cette exclamation, *grâces aux dieux*, aussi déplacée
qu'horrible. *Grâces aux dieux, je viens d'égorger mon fils,
de qui je n'avais nul sujet de me plaindre !* mais enfin je con-
çois que cette détestable fermeté de Cléopâtre peut attacher, et
surtout qu'on est très-curieux de savoir comment Cléopâtre
réussira ou succombera ; c'est là ce qui fait, à mon avis, le
grand mérite de cette pièce. (V.)

Tendresse dangereuse autant comme importune?
Je ne veux point pour fils l'époux de Rodogune,
Et ne vois plus en lui les restes de mon sang,
S'il m'arrache du trône et la met en mon rang.
Reste du sang ingrat d'un époux infidèle,
Héritier d'une flamme envers moi criminelle,
Aime mon ennemie, et péris comme lui.
Pour la faire tomber j'abattrai son appui :
Aussi bien sous mes pas c'est creuser un abîme
Que retenir ma main sur la moitié du crime;
Et, te faisant mon roi, c'est trop me négliger,
Que te laisser sur moi père et frère à venger.
Qui se venge à demi court lui-même à sa peine :
Il faut ou condamner ou couronner sa haine,
Dût le peuple en fureur pour ses maîtres nouveaux
De mon sang odieux arroser leurs tombeaux,
Dût le Parthe vengeur me trouver sans défense,
Dût le ciel égaler le supplice à l'offense,
Trône, à t'abandonner je ne puis consentir;
Par un coup de tonnerre il vaut mieux en sortir;
Il vaut mieux mériter le sort le plus étrange.
Tombe sur moi le ciel, pourvu que je me venge!
J'en recevrai le coup d'un visage remis :
Il est doux de périr après ses ennemis;
Et de quelque rigueur que le destin me traite,
Je perds moins à mourir qu'à vivre leur sujette.
Mais voici Laonice; il faut dissimuler
Ce que le seul effet doit bientôt révéler.

SCÈNE II

CLÉOPATRE, LAONICE

CLÉOPATRE

Viennent-ils, nos amants?

LAONICE

           Ils approchent, madame (1) :
On lit dessus leur front l'allégresse de l'âme ;
L'amour s'y fait paraître avec la majesté ;
Et, suivant le vieil ordre en Syrie usité,
D'une grâce en tous deux tout auguste et royale,
Ils viennent prendre ici la coupe nuptiale,
Pour s'en aller au temple, au sortir du palais,
Par les mains du grand-prêtre être unis à jamais :
C'est là qu'il les attend pour bénir l'alliance ;
Le peuple tout ravi par ses vœux le devance.
Et pour eux à grands cris demande aux immortels
Tout ce qu'on leur souhaite au pied de leurs autels,
Impatient pour eux que la cérémonie
Ne commence bientôt, ne soit bientôt finie.
Les Parthes à la foule aux Syriens mêlés,
Tous nos vieux différends de leur âme exilés,
Font leur suite assez grosse, et d'une voix commune
Bénissent à l'envi le prince et Rodogune.
Mais je les vois déjà : madame, c'est à vous
A commencer ici des spectacles si doux.

SCÈNE III

CLÉOPATRE, ANTIOCHUS, RODOGUNE, ORONTE,
LAONICE, troupe de Parthes et de Syriens.

CLÉOPATRE

Approchez, mes enfants ; car l'amour maternelle,
Madame, dans mon cœur vous tient déjà pour telle ;

((1) Cette description que fait Laonice, toute simple qu'elle
est, me paraît un grand coup de l'art : elle intéresse pour les
deux époux ; c'est un beau contraste avec la rage de Cléopâtre.
Ce moment excite la crainte et la pitié ; et voilà la vraie tragédie. (V.)

Et je crois que ce nom ne vous déplaira pas.

RODOGUNE

Je le chérirai même au delà du trépas.
Il m'est trop doux, madame ; et tout l'heur que j'espère,
C'est de vous obéir et respecter en mère.

CLÉOPATRE

Aimez-moi seulement ; vous allez être rois,
Et s'il faut du respect, c'est moi qui vous le dois.

ANTIOCHUS

Ah ! si nous recevons la suprême puissance,
Ce n'est pas pour sortir de votre obéissance :
Vous régnerez ici quand nous y régnerons,
Et ce seront vos lois que nous y donnerons.

CLÉOPATRE

J'ose le croire ainsi ; mais prenez votre place :
Il est temps d'avancer ce qu'il faut que je fasse.

(*Ici Antiochus s'assied dans un fauteuil, Rodogune à sa
gauche en même rang, et Cléopâtre à sa droite, mais en
rang inférieur, et qui marque quelque inégalité. Oronte
s'assied aussi à la gauche de Rodogune, avec la même différence ; et Cléopâtre, cependant qu'ils prennent leurs
places, parle à l'oreille de Laonice, qui s'en va quérir
une coupe de vin empoisonné. Après qu'elle est partie,
Cléopâtre continue :*)*

Peuple qui m'écoutez, Parthes et Syriens,
Sujets du roi son frère, ou qui fûtes les miens,
Voici de mes deux fils celui qu'un droit d'aînesse
Élève dans le trône, et donne à la princesse.
Je lui rends cet État que j'ai sauvé pour lui,
Je cesse de régner ; il commence aujourd'hui.

Qu'on ne me traite plus ici de souveraine :
Voici votre roi, peuple, et voilà votre reine.
Vivez pour les servir, respectez-les tous deux,
Aimez-les, et mourez, s'il est besoin, pour eux.
Oronte, vous voyez avec quelle franchise
Je leur rends ce pouvoir dont je me suis démise :
Prêtez les yeux au reste, et voyez les effets
Suivre de point en point les traités de la paix.

(Laonice revient avec une coupe à la main.)

ORONTE

Votre sincérité s'y fait assez paraître,
Madame ; et j'en ferai récit au roi mon maître.

CLÉOPATRE

L'hymen est maintenant notre plus cher souci.
L'usage veut, mon fils, qu'on le commence ici :
Recevez de ma main la coupe nuptiale,
Pour être après unis sous la foi conjugale ;
Puisse-t-elle être un gage, envers votre moitié,
De votre amour ensemble et de mon amitié !

ANTIOCHUS, prenant la coupe.

Ciel ! que ne dois-je point aux bontés d'une mère !

CLÉOPATRE

Le temps presse, et votre heur d'autant plus se diffère.

ANTIOCHUS, à Rodogune.

Madame, hâtons donc ces glorieux moments :
Voici l'heureux essai de nos contentements.
Mais si mon frère était le témoin de ma joie...

CLÉOPATRE

C'est être trop cruel de vouloir qu'il la voie :

Ce sont des déplaisirs qu'il fait bien d'épargner;
Et sa douleur secrète a droit de l'éloigner.

ANTIOCHUS

Il m'avait assuré qu'il la verrait sans peine.
Mais n'importe, achevons.

SCÈNE IV

CLÉOPATRE, ANTIOCHUS, RODOGUNE, ORONTE,
TIMAGÈNE, LAONICE, troupe.

TIMAGÈNE

Ah! seigneur!

CLÉOPATRE

Timagène,
Quelle est votre insolence!

TIMAGÈNE

Ah! madame!

ANTIOCHUS, rendant la coupe à Laonice.

Parlez.

TIMAGÈNE

Souffrez pour un moment que mes sens rappelés...

ANTIOCHUS

Qu'est-il donc arrivé?

TIMAGÈNE

Le prince votre frère...

ANTIOCHUS

Quoi! se voudrait-il rendre à mon bonheur contraire ?

TIMAGÈNE

L'ayant cherché longtemps afin de divertir
L'ennui que de sa perte il pouvait ressentir,
Je l'ai trouvé, seigneur, au bout de cette allée,
Où la clarté du ciel semble toujours voilée.
Sur un lit de gazon, de faiblesse étendu,
Il semblait déplorer ce qu'il avait perdu;
Son âme à ce penser paraissait attachée;
Sa tête sur un bras languissamment penchée,
Immobile et rêveur, en malheureux amant...

ANTIOCHUS

Enfin, que faisait-il? Achevez promptement.

TIMAGÈNE

D'une profonde plaie en l'estomac ouverte
Son sang à gros bouillons sur cette couche verte...

CLÉOPATRE

Il est mort!

TIMAGÈNE

Oui, madame.

CLÉOPATRE

Ah! destins ennemis,
Qui m'enviez le bien que je m'étais promis,
Voilà le coup fatal que je craignais dans l'âme,
Voilà le désespoir où l'a réduit sa flamme.
Pour vivre en vous perdant il avait trop d'amour,
Madame, et de sa main il s'est privé du jour.

TIMAGÈNE, à Cléopâtre.

Madame, il a parlé; sa main est innocente.

CLÉOPATRE, à Timagène.

La tienne est donc coupable, et ta rage insolente,
Par une lâcheté qu'on ne peut égaler,
L'ayant assassiné, le fait encor parler !

ANTIOCHUS

Timagène, souffrez la douleur d'une mère,
Et les premiers soupçons d'une aveugle colère.
Comme ce coup fatal n'a point d'autres témoins,
J'en ferais autant qu'elle, à vous connaître moins.
Mais que vous a-t-il dit ? achevez, je vous prie.

TIMAGÈNE

Surpris d'un tel spectacle, à l'instant je m'écrie ;
Et soudain à mes cris, ce prince, en soupirant,
Avec assez de peine entr'ouvre un œil mourant ;
Et ce reste égaré de lumière incertaine
Lui peignant son cher frère au lieu de Timagène,
Rempli de votre idée, il m'adresse pour vous
Ces mots où l'amitié règne sur le courroux :
     « Une main qui nous fut bien chère
  « Venge ainsi le refus d'un coup trop inhumain.
      « Régnez ; et surtout, mon cher frère,
      « Gardez-vous de la même main. »
· « C'est... » La Parque à ce mot lui coupe la parole ;
Sa lumière s'éteint, et son âme s'envole :
Et moi, tout effrayé d'un si tragique sort,
J'accours pour vous en faire un funeste rapport.

ANTIOCHUS

Rapport vraiment funeste, et sort vraiment tragique,
Qui va changer en pleurs l'allégresse publique.
O frère, plus aimé que la clarté du jour !
O rival, aussi cher que m'était mon amour !
Je te perds, et je trouve en ma douleur extrême
Un malheur dans ta mort plus grand que ta mort
                                    [même.

O de ses derniers mots fatale obscurité!
En quel gouffre d'horreur m'as-tu précipité?
Quand j'y pense chercher la main qui l'assassine,
Je m'impute à forfait tout ce que j'imagine;
Mais, aux marques enfin que tu m'en viens donner,
Fatale obscurité! qui dois-je en soupçonner?
    « Une main qui nous fut bien chère! »
Madame, est-ce la vôtre, ou celle de ma mère (1)?

(1) Il n'y a point de situation plus forte, il n'y en a point
où l'on ait porté plus loin la terreur, et cette incertitude ef-
frayante qui serre l'âme dans l'attente d'un événement qui ne
peut être que tragique. Ces mots terribles :

    « Une main qui nous fut bien chère! »
    Madame, est-ce la vôtre, ou celle de ma mère?

Ces mots font frémir; et ce qui mérite encore plus d'éloges,
c'est que la situation est aussi bien dénouée qu'elle est fortement conçue. Cléopâtre, avalant elle-même le poison préparé
pour son fils et pour Rodogune, et se flattant encore de vivre
assez pour les voir périr avec elle, forme un dénouement admirable. Il faut bien qu'il le soit, puisqu'il a fait pardonner les
étranges invraisemblances sur lesquelles il est fondé, et qui ne
peuvent pas avoir d'autre excuse. Ceux qui ont cru, bien mal
à propos, que la gloire de Corneille était intéressée à ce qu'on
justifiât ses fautes, ont fait de vains efforts pour pallier celles
du plan de *Rodogune*. Pour en venir à bout, il faudrait pouvoir
dire : Il est dans l'ordre des choses vraisemblables que, d'un
côté, une mère propose à ses deux fils, à deux princes reconnus
sensibles et vertueux, d'assassiner leur maîtresse, et que, d'un
autre côté, dans le même jour, cette même maîtresse, qui n'est
point représentée comme une femme atroce, propose à deux
jeunes princes dont elle connait la vertu d'assassiner leur
mère. Comme il est impossible d'accorder une assertion avec
le bon sens, il vaut beaucoup mieux abandonner une apologie
insoutenable, et laisser à Corneille le soin de se défendre lui-
même. Il s'y prend mieux que ses défenseurs : il a fait le cinquième acte. Souvenons-nous donc une bonne fois, et pour
toujours, que sa gloire n'est pas de n'avoir point commis de
fautes, mais d'avoir su les racheter : elle doit suffire à ce créa-
teur de la scène française. (La Harpe.)

Vous vouliez toutes deux un coup trop inhumain;
Nous vous avons tous deux refusé notre main :
Qui de vous s'est vengée? est-ce l'une, est-ce l'autre,
Qui fait agir la sienne au refus de la nôtre?
Est-ce vous qu'en coupable il me faut regarder?
Est-ce vous désormais dont je me dois garder (1)?

CLÉOPATRE

Quoi! vous me soupçonnez?

RODOGUNE

Quoi! je vous suis suspecte?

ANTIOCHUS

Je suis amant et fils, je vous aime et respecte;
Mais, quoi que sur mon cœur puissent des noms si
[doux,
A ces marques enfin je ne connais que vous.
As-tu bien entendu? dis-tu vrai, Timagène?

TIMAGÈNE

Avant qu'en soupçonner la princesse ou la reine,
Je mourrais mille fois: mais enfin mon récit
Contient, sans rien de plus, ce que le prince a dit.

ANTIOCHUS

D'un et d'autre côté l'action est si noire
Que, n'en pouvant douter, je n'ose encor la croire.
O quiconque des deux avez versé son sang,
Ne vous préparez plus à me percer le flanc.
Nous avons mal servi vos haines mutuelles,
Aux jours l'une de l'autre également cruelles :

(1) Cette situation est sans doute des plus théâtrales, elle ne permet pas aux spectateurs de respirer. (V.)

Mais si j'ai refusé ce détestable emploi,
Je veux bien vous servir toutes deux contre moi :
Qui que vous soyez donc, recevez une vie
Que déjà vos fureurs m'ont à demi ravie.

RODOGUNE

Ah! seigneur, arrêtez.

TIMAGÈNE

Seigneur, que faites-vous?

ANTIOCHUS

Je sers ou l'une ou l'autre, et je préviens ses coups.

CLÉOPATRE

Vivez, régnez heureux.

ANTIOCHUS

Otez-moi donc de doute,
Et montrez-moi la main qu'il faut que je redoute,
Qui pour m'assassiner ose me secourir,
Et me sauve de moi pour me faire périr.
Puis-je vivre et traîner cette gêne éternelle,
Confondre l'innocente avec la criminelle,
Vivre et ne pouvoir plus vous voir sans m'alarmer,
Vous craindre toutes deux, toutes deux vous aimer?
Vivre avec ce tourment, c'est mourir à toute heure.
Tirez-moi de ce trouble, ou souffrez que je meure,
Et que mon déplaisir, par un coup généreux,
Épargne un parricide à l'une de vous deux.

CLÉOPATRE

Puisque, le même jour que ma main vous cou-
[ronne,
Je perds un de mes fils, et l'autre me soupçonne;
Qu'au milieu de mes pleurs, qu'il devrait essuyer,
Son peu d'amour me force à me justifier;

Si vous n'en pouvez mieux consoler une mère
Qu'en la traitant d'égal avec une étrangère
Je vous dirai, seigneur (car ce n'est plus à moi
A nommer autrement et mon juge et mon roi),
Qne vous voyez l'effet de cette vieille haine
Qu'en dépit de la paix me garde l'inhumaine,
Qu'en son cœur du passé soutient le souvenir,
Et que j'avais raison de vouloir prévenir.
Elle a soif de mon sang, elle a voulu l'épandre :
J'ai prévu d'assez loin ce que j'en viens d'apprendre ;
Mais je vous ai laissé désarmer mon courroux.

     (à Rodogune.)

Sur la foi de ses pleurs je n'ai rien craint de vous,
Madame ; mais, ô dieux ! quelle rage est la vôtre !
Quand je vous donne un fils, vous assassinez l'autre,
Et m'enviez soudain l'unique et faible appui
Qu'une mère opprimée eût pu trouver en lui !
Quand vous m'accablerez, où sera mon refuge ?
Si je m'en plains au roi, vous possédez mon juge ;
Et s'il m'ose écouter, peut-être, hélas ! en vain
Il voudra se garder de cette même main.
Enfin je suis leur mère, et vous leur ennemie ;
J'ai recherché leur gloire, et vous leur infamie ;
Et si je n'eusse aimé ces fils que vous m'ôtez,
Votre abord en ces lieux les eût déshérités.
C'est à lui maintenant, en cette concurrence,
A régler ses soupçons sur cette différence,
A voir de qui des deux il doit se défier,
Si vous n'avez un charme à vous justifier.

     RODOGUNE, à Cléopâtre.

Je me défendrai mal : l'innocence étonnée
Ne peut s'imaginer qu'elle soit soupçonnée ;
Et n'ayant rien prévu d'un attentat si grand,
Qui l'en veut accuser sans peine la surprend (1).

(1) On n'a rien à dire sur ces deux plaidoyers de Cléopâtre

Je ne m'étonne point de voir que votre haine
Pour me faire coupable a quitté Timagène.
Au moindre jour ouvert de tout jeter sur moi,
Son récit s'est trouvé digne de votre foi.
Vous l'accusiez pourtant, quand votre âme alarmée
Craignait qu'en expirant ce fils vous eût nommée :
Mais de ses derniers mots voyant le sens douteux,
Vous avez pris soudain le crime entre nous deux.
Certes, si vous voulez passer pour véritable,
Que l'une de nous deux de sa mort soit coupable,
Je veux bien par respect ne vous imputer rien ;
Mais votre bras au crime est plus fait que le mien ;
Et qui sur un époux fit son apprentissage
A bien pu sur un fils achever son ouvrage.
Je ne dénierai point, puisque vous le savez,
De justes sentiments dans mon âme élevés :
Vous demandiez mon sang ; j'ai demandé le vôtre :
Le roi sait quels motifs ont poussé l'une et l'autre
Comme par sa prudence il a tout adouci,
Il vous connaît peut-être, et me connaît aussi.

     (à Antiochus.)

Seigneur, c'est un moyen de vous être bien chère
Que pour don nuptial vous immoler un frère :
On fait plus ; on m'impute un coup si plein d'horreur,
Pour me faire un passage à vous percer le cœur.

---

et de Rodogune. Ces deux princesses parlent toutes deux comme
elles doivent parler. La réponse de Rodogune est beaucoup
plus forte que les discours de Cléopâtre, et elle doit l'etre : il
n'y a rien à répliquer, elle porte la conviction ; et Antiochus
devrait en être tellement frappé, qu'il ne devait peut-être pas
dire : *Non, je n'écoute rien ;* car, comment ne pas écouter de
si bonnes raisons ? Mais j'ose dire que le parti que prend
Antiochus est infiniment plus théâtral que s'il était simplement
raisonnable. (V.)

(à Cléopâtre.)

Où fuirais-je de vous après tant de furie,
Madame ? et que ferait toute votre Syrie,
Où, seule et sans appui contre mes attentats.
Je verrais...? Mais, seigneur, vous ne m'écoutez pas !

ANTIOCHUS

Non, je n'écoute rien ; et dans la mort d'un frère
Je ne veux point juger entre vous et ma mère :
Assassinez un fils, massacrez un époux,
Je ne veux me garder ni d'elle ni de vous.
Suivons aveuglément ma triste destinée ;
Pour m'exposer à tout, achevons l'hyménée.
Cher frère, c'est pour moi le chemin du trépas ;
La main qui t'a percé ne m'épargnera pas ;
Je cherche à te rejoindre, et non à m'en défendre,
Et lui veux bien donner tout lieu de me surprendre :
Heureux si sa fureur qui me prive de toi
Se fait bientôt connaître en achevant sur moi,
Et si du ciel, trop lent à la réduire en poudre,
Son crime redoublé peut arracher la foudre !
Donnez-moi...

RODOGUNE, l'empêchant de prendre la coupe.

Quoi ! seigneur !

ANTIOCHUS

Vous m'arrêtez en vain :
Donnez.

RODOGUNE

Ah ! gardez-vous de l'une et l'autre main !
Cette coupe est suspecte, elle vient de la reine ;
Craignez de toutes deux quelque secrète haine.

CLÉOPATRE

Qui m'épargnait tantôt ose enfin m'accuser !

RODOGUNE

De toutes deux, madame, il doit tout refuser,
Je n'accuse personne, et vous tiens innocente ;
Mais il en faut sur l'heure une preuve évidente ;
Je veux bien à mon tour subir les mêmes lois.
On ne peut craindre trop pour le salut des rois.
Donnez donc cette preuve; et pour toute réplique,
Faites faire un essai par quelque domestique (1).

CLÉOPATRE, prenant la coupe.

Je le ferai moi-même, Eh bien! redoutez-vous
Quelque sinistre effet encor de mon courroux?
J'ai souffert cet outrage avecque patience.

ANTIOCHUS, prenant la coupe des mains de Cléopâtre,
après qu'elle a bu.

Pardonnez-lui, madame, un peu de défiance :
Comme vous l'accusez, elle fait son effort
A rejeter sur vous l'horreur de cette mort;
Et, soit amour pour moi, soit adresse pour elle,
Ce soin la fait paraître un peu moins criminelle.
Pour moi, qui ne vois rien, dans le trouble où je suis,
Qu'un gouffre de malheurs, qu'un abîme d'ennuis,
Attendant qu'en plein jour ces vérités paraissent,
J'en laisse la vengeance aux dieux qui les connaissent.
Et vais sans plus tarder...

(1) Apparemment que les princesses syriennes faisaient peu
de cas de leurs domestiques ; mais c'est une réflexion que personne ne peut faire, dans l'agitation où l'on est, et dans l'attente du dénoûment. L'action qui termine cette scène fait frémir, c'est le tragique porté au comble : on est seulement étonné
que, dans les compliments d'Antiochus et de l'ambassadeur,
qui terminent la pièce, Antiochus ne dise pas un mot de son
frère, qu'il aimait si tendrement. Le rôle terrible de Cléopâtre
et le cinquième acte feront toujours réussir cette pièce. (V.)

RODOGUNE

Seigneur, voyez ses yeux,
Déjà tout égarés, troublés et furieux,
Cette affreuse sueur qui court sur son visage,
Cette gorge qui s'enfle. Ah! bons dieux! quelle rage!
Pour vous perdre après elle, elle a voulu périr.

ANTIOCHUS, rendant la coupe à Laonice ou à quelque autre.

N'importe, elle est ma mère, il faut la secourir.

CLÉOPATRE

Va, tu me veux en vain rappeler à la vie ;
Ma haine est trop fidèle, et m'a trop bien servie ;
Elle a paru trop tôt pour te perdre avec moi ;
C'est le seul déplaisir qu'en mourant je reçoi :
Mais j'ai cette douceur dedans cette disgrâce
De ne voir point régner ma rivale en ma place.
Règne ; de crime en crime enfin te voilà roi.
Je t'ai défait d'un père, et d'un frère, et de moi :
Puisse le ciel tous deux vous prendre pour victimes,
Et laisser choir sur vous les peines de mes crimes!
Puissiez-vous ne trouver dedans votre union
Qu'horreur, que jalousie, et que confusion!
Et, pour vous souhaiter tous les malheurs ensemble,
Puisse naître de vous un fils qui me ressemble!

ANTIOCHUS

Ah ! vivez pour changer cette haine en amour.

CLÉOPATRE

Je maudirais les dieux s'ils me rendaient le jour.
Qu'on m'emporte d'ici : je me meurs. Laonice,
Si tu veux m'obliger par un dernier service,
Après les vains efforts de mes inimitiés,
Sauve-moi de l'affront de tomber à leurs pieds.

(Elle s'en va, et Laonice lui aide à marcher.)

ORONTE

Dans les justes rigueurs d'un sort si déplorable,
Seigneur, le juste ciel vous est bien favorable;
Il vous a préservé, sur le point de périr,
Du danger le plus grand que vous pussiez courir,
Et par un digne effet de ses faveurs puissantes,
La coupable est punie, et vos mains innocentes.

ANTIOCHUS

Oronte, je ne sais, dans son funeste sort,
Qui m'afflige le plus, ou sa vie ou sa mort;
L'une et l'autre a pour moi des malheurs sans exemple:
Plaignez mon infortune. Et vous, allez au temple
Y changer l'allégresse en un deuil sans pareil,
La pompe nuptiale en funèbre appareil;
Et nous verrons après, par d'autres sacrifices,
Si les dieux voudront être à nos vœux plus propices.

EXAMEN DE RODOGUNE

E sujet de cette tragédie est tiré d'Appian Alexandrin, dont voici les paroles, sur la fin du livre qu'il a fait *des Guerres de Syrie :* « Démétrius, surnommé Nicanor, entreprit la guerre contre les Parthes, et vécut quelque temps « prisonnier dans la cour de leur roi Phraates, dont il épousa la « sœur, nommée Rodogune. Cependant Diodotus, domestique « des rois précédents, s'empara du trône de Syrie, et y fit asseoir « un Alexandre encore enfant, fils d'Alexandre le Bâtard et « d'une fille de Ptolomée. Ayant gouverné quelque temps « comme tuteur sous le nom de ce pupille, il s'en défit, et prit « lui-même la couronne sous un nouveau nom de Tryphon « qu'il se donna. Antiochus, frère du roi prisonnier, ayant « appris sa captivité à Rhodes, et les troubles qui l'avaient « suivie, revint dans la Syrie, où, ayant défait Tryphon, il le « fit mourir. De là, il porta ses armes contre Phraates, et, « vaincu dans une bataille, il se tua lui-même. Démétrius, « retournant en son royaume, fut tué par sa femme Cléopâtre, « qui lui dressa des embûches sur le chemin, en haine de cette « Rodogune qu'il avait épousée, dont elle avait conçu une telle « indignation, qu'elle avait épousé ce même Antiochus, frère « de son mari. Elle avait deux fils de Démétrius, dont elle tua « Séleucus, l'aîné, d'un coup de flèche, sitôt qu'il eut pris le « diadème après la mort de son père, soit qu'elle craignît qu'il « ne la voulût venger sur elle, soit que la même fureur l'emportât à ce nouveau parricide. Antiochus son frère lui succéda, et contraignit cette mère dénaturée de prendre le « poison qu'elle lui avait préparé. »

Justin, en son trente-sixième, trente-huitième et trente-neuvième livre, raconte cette histoire plus au long, avec quelques autres circonstances. Le premier *des Machabées*, et Josèphe, au treizième des *Antiquités judaïques*, en disent aussi

quelque chose qui ne s'accorde pas tout à fait avec Appian.
C'est à lui que je me suis attaché pour la narration que j'ai
mise au premier acte, et pour l'effet du cinquième, que j'ai
adouci du côté d'Antiochus. J'en ai dit la raison ailleurs. Le
reste sont des épisodes d'invention, qui ne sont pas incompa-
tibles avec l'histoire, puisqu'elle ne dit point ce que devint
Rodogune après la mort de Démétrius, qui vraisemblablement
l'amenait en Syrie prendre possession de sa couronne. J'ai fait
porter à la pièce le nom de cette princesse plutôt que celui de
Cléopâtre, que je n'ai même osé nommer dans mes vers, de
peur qu'on ne confondît cette reine de Syrie avec cette
fameuse princesse d'Égypte qui portait le même nom, et que
l'idée de celle-ci, beaucoup plus connue que l'autre, ne semât
une dangereuse préoccupation parmi les auditeurs.

On m'a souvent fait une question à la cour : quel était celui
de mes poèmes que j'estimais le plus ; et j'ai trouvé tous ceux
qui me l'ont faite si prévenus en faveur de *Cinna* ou du *Cid*,
que je n'ai jamais osé déclarer toute la tendresse que j'ai toujours eue pour celui-ci, à qui j'aurais volontiers donné mon
suffrage, si je n'avais craint de manquer, en quelque sorte, au
respect que je devais à ceux que je voyais pencher d'un
autre côté. Cette préférence est peut-être en moi un effet de
ces inclinations aveugles qu'ont beaucoup de pères pour quelques-uns de leurs enfants plus que pour les autres ; peut-être y
entre-t-il un peu d'amour-propre, en ce que cette tragédie me
semble être un peu plus à moi que celles qui l'ont précédée, à
cause des incidents surprenants qui sont purement de mon
invention, et n'avaient jamais été vus au théâtre ; et peut-être
enfin y a-t-il un peu de vrai mérite, qui fait que cette inclination
n'est pas tout à fait injuste. Je veux bien laisser chacun en
liberté de ses sentiments ; mais certainement on peut dire que
mes autres pièces ont peu d'avantages qui ne se rencontrent
en celle-ci : elle a tout ensemble la beauté du sujet, la nouveauté
des fictions, la force des vers, la facilité de l'expression, la
solidité du raisonnement, la chaleur des passions, les tendresses
de l'amour et de l'amitié ; et cet heureux assemblage est
ménagé de sorte qu'elle s'élève d'acte en acte. Le second passe
le premier, le troisième est au-dessus du second, et le dernier
l'emporte sur tous les autres. L'action y est une, grande,
complète ; sa durée ne va point, ou fort peu, au delà de celle
de la représentation. Le jour en est le plus illustre qu'on puisse
imaginer, et l'unité de lieu s'y rencontre en la manière que je

l'explique dans le troisième de mes discours, et avec l'indulgence que j'ai demandée pour le théâtre.

Ce n'est pas que je me flatte assez pour présumer qu'elle soit sans taches. On a fait tant d'objections contre la narrat on de Laonice au premier acte, qu'il est malaisé de ne donner pas les mains à quelques-unes. Je ne la tiens pas toutefois si inutile qu'on l'a dit. Il est hors de doute que Cléopâtre, dans le second, ferait connaître beaucoup de choses par sa confidence avec cette Laonice, et par le récit qu'elle en a fait à ses deux fils, pour leur remettre devant les yeux combien ils lui ont d'obligation ; mais ces deux scènes demeureraient assez obscures, si cette narration ne les avait précédées ; et du moins les justes défiances de Rodogune à la fin du premier acte, et la peinture que Cléopâtre f ait d'elle-même dans son monologue qui ouvre le second, n'auraient pu se faire entendre sans ce secours.

J'avoue qu'elle est sans artifice, et qu'on la fait de sang-froid à un personnage protatique, qui se pourrait toutefois justifier par les deux exemples de Térence que j'ai c tés sur ce sujet au premier discours. Timagène, qui l'écoute, n'est introduit que pour l'écouter, bien que je l'emploie au cinquième à faire celle de la mort de Séleucus, qui se pouvait faire par un autre. Il l'écoute sans y avoir aucun intérêt notable, et par simple curiosité d'apprendre ce qu'il pouvait avoir su déjà en la cour d'Égypte, où il était en assez bonne posture, étant gouverneur des neveux du roi, pour entendre des nouvelles assurées de tout ce qui se passait dans la Syrie, qui en est voisine. D'ailleurs, ce qui ne peut recevoir d'excuse, c'est que, comme il y avait déjà quelque temps qu'il était de retour avec les princes, il n'y a pas d'apparence qu'il aye attendu ce grand jour de cérémonie pour s'informer de sa sœur comment se sont passés tous ces troubles, qu'il dit ne savoir que confusément. Pollux, dans *Médée*, n'est qu'un personnage protatique qui écoute sans intérêt comme lui ; mais sa surprise de voir Jason à Corinthe, où il vient d'arriver, et son séjour en Asie, que la mer en sépare, lui donnent juste sujet d'ignorer ce qu'il en apprend. La narration ne laisse pas de demeurer froide comme celle-ci, parce qu'il ne s'est encore rien passé dans la pièce qui excite la curiosité de l'auditeur, ni qui lui puisse donner quelque émotion en l'écoutant ; mais si vous voulez réfléchir sur celle de Curiace dans l'*Horace*, vous trouverez qu'elle fait tout un autre effet. Camille, qui l'écoute, a intérêt, comme lui, à savoir comment s'est faite une paix dont dépend leur mariage ; et

l'auditeur, que Sabine et elle n'ont entretenu que de leurs
malheurs et des appréhensions d'une bataille qui se va donner
entre deux partis, où elles voient leurs frères dans l'un et leur
amour dans l'autre, n'a pas moins d'avidité qu'elle d'apprendre
comment-une paix si surprenante s'est pu conclure.

Ces défauts dans cette narration confirment ce que j'ai dit
ailleurs, que, lorsque la tragédie a son fondement sur des
guerres entre deux États, ou sur d'autres affaires publiques, il
est très-malaisé d'introduire un acteur qui les ignore, et qui
puisse recevoir le récit qui en doit instruire les spectateurs en
parlant à lui.

J'ai déguisé quelque chose de la vérité historique en celui-ci:
Cléopâtre n'épousa Antiochus qu'en haine de ce que son mari
avait épousé Rodogune chez les Parthes ; et je fais qu'elle ne
l'épouse que par la nécessité de ses affaires, sur un faux bruit
de la mort de Démétrius, tant pour ne la faire pas méchante
sans nécessité, comme Ménélas dans l'*Oreste* d'Euripide, que,
pour avoir lieu de feindre que Démétrius n'avait pas encore
épousé Rodogune, et venait l'épouser dans son royaume pour
la mieux établir en la place de l'autre, par le consentement de
ses peuples, et assurer la couronne aux enfants qui naîtraient
de ce mariage. Cette fiction m'était absolument nécessaire,
afin qu'il fût tué avant que de l'avoir épousée, et que l'amour
que ses deux fils ont pour elle ne fît point d'horreur aux
spectateurs, qui n'auraient pas manqué d'en prendre une assez
forte, s'ils les eussent vus amoureux de la veuve de leur
père, tant cette affection incestueuse répugne à nos mœurs !

Cléopâtre a lieu d'attendre ce jour-là à faire confidence à
Laonice de ses desseins et des véritables raisons de tout ce
qu'elle a fait. Elle eût pu trahir son secret aux princes ou à
Rodogune, si elle l'eût su plus tôt ; et cette ambitieuse mère ne
lui en fait part qu'au moment qu'elle veut bien qu'il éclate,
par la cruelle proposition qu'elle va faire à ses fils. On a
trouvé celle que Rodogune leur fait à son tour indigne d'une
personne vertueuse, comme je la peins ; mais on n'a pas
considéré qu'elle ne la fait pas, comme Cléopâtre, avec espoir
de la voir exécuter par les princes, mais seulement pour
s'exempter d'en choisir aucun, et les attacher tous deux à sa
protection par une espérance égale. Elle était avertie par
Laonice de celle que la reine leur avait faite, et devait prévoir
que, si elle se fût déclarée pour Antiochus qu'elle aimait, son
ennemie, qui avait seule le secret de leur naissance, n'eût pas

manqué de nommer Séleucus pour aîné, afin de les commettre l'un contre l'autre, et d'exciter une guerre civile qui eût pu causer sa perte. Ainsi elle devait s'exempter de choisir, pour les contenir tous deux dans l'égalité de prétention, et elle n'en avait point de meilleur moyen que de rappeler le souvenir de ce qu'elle devait à la mémoire de leur père, qui avait perdu la vie pour elle, et leur faire cette proposition qu'elle savait bien qu'ils n'accepteraient pas. Si le traité de paix l'avait forcée à se départir de ce juste sentiment de reconnaissance, la liberté qu'ils lui rendaient la rejetait dans cette obligation. Il était de son devoir de venger cette mort ; mais il était de celui des princes de ne se pas charger de cette vengeance. Elle avoue elle-même à Antiochus qu'elle les haïrait, s'ils lui avaient obéi ; que, comme elle a fait ce qu'elle a dû par cette demande, ils font ce qu'ils doivent par leur refus ; qu'elle aime trop la vertu pour vouloir être le prix d'un crime ; et que la justice qu'elle demande de la mort de leur père serait un parricide, si elle la recevait de leurs mains.

Je dirai plus : quand cette proposition serait tout à fait condamnable en sa bouche, elle mériterait quelque grâce et pour l'éclat que la nouveauté de l'invention a fait au théâtre, et pour l'embarras surprenant où elle jette les princes, et pour l'effet qu'elle produit dans le reste de la pièce, qu'elle conduit à l'action historique. Elle est cause que Séleucus, par dépit, renonce au trône et à la possession de cette princesse ; que la reine, le voulant animer contre son frère, n'en peut rien obtenir, et qu'enfin elle se résout par désespoir de les perdre tous deux, plutôt que de se voir sujette de son ennemie.

Elle commence par Séleucus, tant pour suivre l'ordre de l'histoire, que parce que, s'il fût demeuré en vie après Antiochus et Rodogune, qu'elle voulait empoisonner publiquement, il les aurait pu venger. Elle ne craint pas la même chose d'Antiochus pour son frère, d'autant qu'elle espère que le poison violent qu'elle lui a préparé fera un effet assez prompt pour le faire mourir avant qu'il ait pu rien savoir de cette autre mort, ou du moins avant qu'il l'en puisse convaincre, puisqu'elle a si bien pris son temps pour l'assassiner, que ce parricide n'a point eu de témoins. J'ai parlé ailleurs de l'adoucissement que j'ai apporté pour empêcher qu'Antiochus n'en commît un en la forçant de prendre le poison qu'elle lui présente, et du peu d'apparence qu'il y avait qu'un moment après qu'elle a expiré presque à sa vue, il parlât d'amour et de mariage à Rodogune

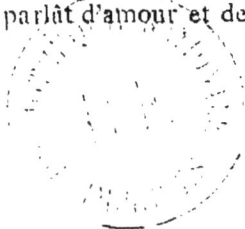

Dans l'état où ils rentrent derrière le théâtre, ils peuvent le résoudre quand ils le jugeront à propos. L'action est complète, puisqu'ils sont hors de péril ; et la mort de Séleucus m'a exempté de développer le secret du droit d'ainesse entre les deux frères, qui d'ailleurs n'eût jamais été croyable, ne pouvant être éclairci que par une bouche en qui l'on n'a pas vu assez de sincérité pour prendre aucune assurance sur son témoignage.

NOTICE

SUR

DON SANCHE D'ARAGON

EVANÇANT *le drame moderne, Corneille imagina la possibilité d'un genre où les personnages de la comédie figureraient dans une action héroïque. Il entrevit que rien ne défendait à la tragédie de descendre plus bas que les princes et les héros, quand il se rencontrait dans l'histoire des actions méritant qu'elle prît soin de les imiter. Il comprit que « si la crainte ne s'excite en nous par la représentation de la tragédie que quand nous voyons souffrir nos semblables, et que leurs infortunes nous en font appréhender de pareilles, elle y pourrait être excitée plus fortement par la vue des malheurs arrivés à des personnes de notre condition, à qui nous ressemblons tout à fait, que par l'image de ceux qui font trébucher de leurs trônes les plus grands monarques avec qui nous n'avons aucun rapport qu'en tant que nous sommes susceptibles des passions qui les ont jetés dans ce précipice : ce qui ne se rencontre pas toujours* (1). » *Telles sont les idées qui lui firent*

(1) Epître dédicatoire de *Don Sanche d'Aragon*.

emprunter à l'espagnol, pour l'accommoder au théâtre, l'histoire de don Sanche, soldat de fortune, aventurier inconnu, regardé comme le fils d'un pêcheur.

Comme le dit l'auteur lui-même, « le sujet n'a pas grand artifice. C'est un inconnu assez honnête homme pour se faire aimer de deux reines. L'inégalité des conditions met un obstacle au bien qu'elles lui veulent durant quatre actes et demi; et, quand il faut de nécessité finir la pièce, un bonhomme semble tomber des nues pour faire développer le secret de sa naissance, qui le rend mari de l'une en le faisant reconnaître pour frère de l'autre ».

Voltaire a jugé sévèrement le style de Don Sanche; il le trouve à la fois incorrect et recherché, obscur et faible, dur et traînant. « Il n'a rien, dit-il, de cette élégance et de ce piquant qui sont absolument nécessaires dans un pareil sujet. » Il aurait dû ajouter que le cinquième acte renferme des vers de la plus grande beauté. Certes il n'y a rien de semblable ni d'approchant dans la Laure persécutée et dans le Don Bernard de Cabrères, deux pièces de Rotrou auxquelles Voltaire dans son Commentaire compare Don Sanche.

DON SANCHE D'ARAGON

COMÉDIE HÉROIQUE (1651)

PERSONNAGES

D. ISABELLE, reine de Castille.
D. LÉONOR, reine d'Aragon.
D. ELVIRE, princesse d'Aragon.
BLANCHE, dame d'honneur de la reine de Castille.
CARLOS, cavalier inconnu, qui se trouve être D. Sanche,
   roi d'Aragon.
D. RAYMOND DE {MONCADE, favori du défunt roi
   d'Aragon.
D. LOPE DE GUSMAN, }
D. MANRIQUE DE LARE, } Grands de Castille.
D. ALVAR DE LUNE, }

La scène est à Valladolid.

ACTE PREMIER

SCÈNE PREMIÈRE

D. LÉONOR, D. ELVIRE

D. LÉONOR

Après tant de malheurs, enfin le ciel propice (1)
S'est résolu, ma fille, à nous faire justice :

(1) On a déjà observé qu'il ne faut jamais manquer à la
grande loi de faire connaître d'abord ses personnages et le lieu

Notre Aragon, pour nous presque tout révolté,
Enlève à nos tyrans ce qu'ils nous ont ôté,
Brise les fers honteux de leurs injustes chaînes,
Se remet sous nos lois, et reconnaît ses reines;
Et par ses députés, qu'aujourd'hui l'on attend,
Rend d'un si long exil le retour éclatant.
Comme nous, la Castille attend cette journée
Qui lui doit de sa reine assurer l'hyménée :
Nous l'allons voir ici faire choix d'un époux.
Que ne puis-je, ma fille, en dire autant de vous!
Nous allons en des lieux sur qui vingt ans d'absence
Nous laissent une faible et douteuse puissance :
Le trouble règne encor où vous devez régner;
Le peuple vous rappelle, et peut vous dédaigner,
Si vous ne lui portez, au retour de Castille,
Que l'avis d'une mère, et le nom d'une fille.
D'un mari valeureux les ordres et le bras
Sauraient bien mieux que nous assurer vos États,
Et par des actions nobles, grandes et belles,
Dissiper les mutins et dompter les rebelles.
Vous ne pouvez manquer d'amants dignes de vous;
On aime votre sceptre, on vous aime; et sur tous,
Du comte don Alvar la vertu non commune
Vous aima dans l'exil et durant l'infortune.
Qui vous aima sans sceptre, et se fit votre appui,
Quand vous le recouvrez, est bien digne de lui.

où ils sont. Voilà une mère et une fille dont on ne connaît les
noms que dans la liste imprimée des acteurs. Comment les
deviner? Comment savoir que la scène est à Valladolid? On
ne sait pas non plus quelle est cette reine de Castille dont on
parle. Si votre sujet est grand et connu, comme la mort de
Pompée, vous pouvez tout d'un coup entrer en matière ; les
spectateurs sont au fait, l'action commence dès le premier vers,
sans obscurité; mais si les héros de votre pièce sont tout
nouveaux pour les spectateurs, faites connaître dès les premiers vers leurs noms, leurs intérêts, l'endroit où ils parlent. (V.)

D. ELVIRE

Ce comte est généreux, et me l'a fait paraître ;
Ainsi le ciel pour moi l'a voulu reconnaître,
Puisque les Castillans l'ont mis entre les trois
Dont à leur grande reine ils demandent le choix ;
Et comme ses rivaux lui cèdent en mérite,
Un espoir à présent plus doux le sollicite :
Il régnera sans nous. Mais, madame, après tout,
Savez-vous à quel choix l'Aragon se résout,
Et quels troubles nouveaux j'y puis faire renaître,
S'il voit que je lui mène un étranger pour maître ?
Montons, de grâce, au trône ; et de là beaucoup mieux
Sur le choix d'un époux nous baisserons les yeux.

D. LÉONOR

Vous les abaissez trop ; une secrète flamme
A déjà malgré moi fait ce choix dans votre âme :
De l'inconnu Carlos l'éclatante valeur
Aux mérites du comte a fermé votre cœur.
Tout est illustre en lui, moi-même je l'avoue;
Mais son sang, que le ciel n'a formé que de boue,
Et dont il cache exprès la source obstinément...

D. ELVIRE

Vous pourriez en juger plus favorablement ;
Sa naissance inconnue est peut-être sans tache :
Vous la présumez basse à cause qu'il la cache ;
Mais combien a-t-on vu de princes déguisés
Signaler leur vertu sous des noms supposés,
Dompter des nations, gagner des diadèmes,
Sans qu'aucun les connût, sans se connaître eux-
[mêmes !

D. LÉONOR

Quoi ! voilà donc enfin de quoi vous vous flattez!

D. ELVIRE

J'aime et prise en Carlos ses rares qualités.
Il n'est point d'âme noble à qui tant de vaillance
N'arrache cette estime et cette bienveillance;
Et l'innocent tribut de ces affections,
Que doit toute la terre aux belles actions,
N'a rien qui déshonore une jeune princesse,
En cette qualité, je l'aime et le caresse;
En cette qualité ses devoirs assidus
Me rendent les respects à ma naissance dus.
Il fait sa cour chez moi comme un autre peut faire :
Il a trop de vertus pour être téméraire ;
Et si jamais ses vœux s'échappaient jusqu'à moi,
Je sais ce que je suis, et ce que je me doi.

D. LÉONOR

Daigne le juste ciel vous donner le courage
De vous en souvenir et le mettre en usage !

D. ELVIRE

Vos ordres sur mon cœur sauront toujours régner.

D. LÉONOR

Cependant ce Carlos vous doit accompagner,
Doit venir jusqu'aux lieux de votre obéissance
Vous rendre ces respects dus à votre naissance,
Vous faire, comme ici, sa cour tout simplement.

D. ELVIRE

De ses pareils la guerre est l'unique élément :
Accoutumés d'aller de victoire en victoire,
Ils cherchent en tous lieux les dangers et la gloire.
La prise de Séville, et les Maures défaits,
Laissent à la Castille une profonde paix :
S'y voyant sans emploi, sa grande âme inquiète
Veut bien de don Garcie achever la défaite,

Et contre les efforts d'un reste de mutins
De toute sa valeur hâter nos bons destins.

D. LÉONOR

Mais quand il vous aura dans le trône affermie,
Et jeté sous vos pieds la puissance ennemie,
S'en ira-t-il soudain aux climats étrangers
Chercher tout de nouveau la gloire et les dangers?

D. ELVIRE

Madame, la reine entre (1).

SCÈNE II

D. ISABELLE, D. LÉONOR, D. ELVIRE, BLANCHE

D. LÉONOR

Aujourd'hui donc, madame,
Vous allez d'un héros rendre heureuse la flamme,
Et, d'un mot, satisfaire aux plus ardents souhaits
Que poussent vers le ciel vos fidèles sujets.

D. ISABELLE

Dites, dites plutôt qu'aujourd'hui, grandes reines,
Je m'impose à vos yeux la plus dure des gênes,
Et fais dessus moi-même un illustre attentat
Pour me sacrifier au repos de l'État.
Que c'est un sort fâcheux et triste que le nôtre,
De ne pouvoir régner que sous les lois d'un autre;

(1) Quelle reine? Rien n'est annoncé, rien n'est développé. C'est surtout dans ces sujets romanesques entièrement inconnus au public qu'il faut avoir soin de faire l'exposition la plus nette et la plus précise.

J'aimerais encor mieux qu'il déclinât son nom,
Et dit : Je suis Oreste, ou bien Agamemnon.   (V.)

Et qu'un sceptre soit cru d'un si grand poids pour
[nous,
Que pour le soutenir il nous faille un époux !
A peine ai-je deux mois porté le diadème,
Que de tous les côtés j'entends dire qu'on m'aime,
Si toutefois sans crime et sans m'en indigner
Je puis nommer amour une ardeur de régner.
L'ambition des grands à cet espoir ouverte
Semble pour m'acquérir s'apprêter à ma perte ;
Et, pour trancher le cours de leurs dissensions,
Il faut fermer la porte à leurs prétentions;
Il m'en faut choisir un; eux-mêmes m'en convient,
Mon peuple m'en conjure, et mes États m'en prient ;
Et même par mon ordre ils m'en proposent trois,
Dont mon cœur à leur gré peut faire un digne choix.
Don Lope de Gusman, don Manrique de Lare,
Et don Alvar de Lune, ont un mérite rare ;
Mais que me sert ce choix qu'on fait en leur faveur,
Si pas un d'eux enfin n'a celui de mon cœur?

D. LÉONOR

On vous les a nommés, mais sans vous les prescrire;
On vous obéira, quoi qu'il vous plaise élire :
Si le cœur a choisi, vous pouvez faire un roi.

D. ISABELLE

Madame, je suis reine, et dois régner sur moi.
Le rang que nous tenons, jaloux de notre gloire,
Souvent dans un tel choix nous défend de nous croire
Jette sur nos désirs un joug impérieux,
Et dédaigne l'avis et du cœur et des yeux.
Qu'on ouvre. Juste ciel, vois ma peine, et m'inspire
Et ce que je dois faire et ce que je dois dire !

SCÈNE III

D. ISABELLE, D, LÉONOR, D. ELVIRE, BLANCHE
D. LOPE, D. MANRIQUE, D. ALVAR, CARLOS

D. ISABELLE

Avant que de choisir je demande un serment,
Comtes, qu'on agréera mon choix aveuglément ;
Que les deux méprisés, et tous les trois peut-être,
De ma main, quel qu'il soit, accepteront un maître :
Car enfin je suis libre à disposer de moi ;
Le choix de mes États ne m'est point une loi ;
D'une troupe importune il m'a débarrassée,
Et d'eux tous sur vous trois détourné ma pensée,
Mais sans nécessité de l'arrêter sur vous.
J'aime à savoir par là qu'on vous préfère à tous ;
Vous m'en êtes plus chers et plus considérables ;
J'y vois de vos vertus les preuves honorables ;
J'y vois la haute estime où sont vos grands exploits
Mais quoique mon dessein soit d'y borner mon choix
Le ciel en un moment quelquefois nous éclaire.
Je veux, en le faisant, pouvoir ne le pas faire,
Et que vous avouiez que, pour devenir roi,
Quiconque me plaira n'a besoin que de moi.

D. LOPE

C'est une autorité qui vous demeure entière,
Votre État avec vous n'agit que par prière,
Et ne vous a pour nous fait voir ses sentiments
Que par obéissance à vos commandements.
Ce n'est point ni son choix ni l'éclat de ma race
Qui me font, grande reine, espérer cette grâce :
Je l'attends de vous seule et de votre bonté,
Comme on attend un bien qu'on n'a pas mérité

Et dont, sans regarder service, ni famille,
Vous pouvez faire part au moindre de Castille.
C'est à nous d'obéir, et non d'en murmurer :
Mais vous nous permettrez toutefois d'espérer
Que vous ne ferez choir cette faveur insigne,
Ce bonheur d'être à vous, que sur le moins indigne ;
Et que votre vertu nous fera trop savoir
Qu'il n'est pas bon d'user de tout votre pouvoir.
Voilà mon sentiment.

D. ISABELLE

Parlez, vous, don Manrique.

D. MANRIQUE

Madame, puisqu'il faut qu'à vos yeux je m'explique,
Quoique votre discours nous ait fait des leçons
Capables d'ouvrir l'âme à de justes soupçons,
Je vous dirai pourtant, comme à ma souveraine,
Que pour faire un vrai roi vous le fassiez en reine ;
Que vous laisser borner c'est vous-même affaiblir
La dignité du rang qui le doit ennoblir ;
Et qu'à prendre pour loi le choix qu'on vous propose,
Le roi que vous feriez vous devrait peu de chose,
Puisqu'il tiendrait les noms de monarque et d'époux
Du choix de vos États aussi bien que de vous.
Pour moi, qui vous aimai sans sceptre et sans cou-
                                                    [ronne,
Qui n'ai jamais eu d'yeux que pour votre personne,
Que même le feu roi daigna considérer
Jusqu'à souffrir ma flamme et me faire espérer,
J'oserai me promettre un sort assez propice
De cet aveu d'un frère et quatre ans de service ;
Et sur ce doux espoir dussé-je me trahir,
Puisque vous le voulez, je jure d'obéir.

D. ISABELLE

C'est comme il faut m'aimer. Et don Alvar de Lune !

D. ALVAR

Je ne vous ferai point de harangue importune
Choisissez hors des trois, tranchez absolument ;
Je jure d'obéir, madame, aveuglément.

D. ISABELLE

Sous les profonds respects de cette déférence
Vous nous cachez peut-être un peu d'indifférence :
Et comme votre cœur n'est pas sans autre amour,
Vous savez des deux parts faire bien votre cour.

D. ALVAR

Madame...

D. ISABELLE

C'est assez ; que chacun prenne place.

(Ici les trois reines prennent chacune un fauteuil, et après que
les trois comtes et le reste des grands qui sont présents se
sont assis sur des bancs préparés exprès, Carlos, y voyant une
place vide, s'y veut seoir, et don Manrique l'en empêche.)

D. MANRIQUE

Tout beau, tout beau, Carlos ! d'où vous vient cette
[audace (1) ?
Et quel titre en ce rang a pu vous établir ?

CARLOS

J'ai vu la place vide, et cru la bien remplir.

---

(1) *Tout beau, tout beau*, pourrait être ailleurs bas et fami-
lier ; mais ici je le crois très-bien placé ; cette manière de parler est assez convenable d'un seigneur très-fier à un soldat de
fortune. Cela forme une situation singulière et intéressante,
inconnue jusque-là au théâtre. Elle donne lieu très-naturellement
à Carlos de parler dignement de ses grandes actions. La vertu
qui s'élève quand on veut l'avilir produit presque toujours de
belles choses. (V.)

D. MANRIQUE

Un soldat bien remplir une place de comte !

CARLOS

Seigneur, ce que je suis ne me fait point de honte.
Depuis plus de six ans il ne s'est fait combat
Qui ne m'ait bien acquis ce grand nom de soldat :
J'en avais pour témoin le feu roi votre frère,
Madame, et par trois fois...

D. MANRIQUE

                Nous vous avons vu faire,
Et savons mieux que vous ce que peut votre bras.

D. ISABELLE

Vous en êtes instruits ; et je ne la suis pas ;
Laissez-le me l'apprendre. Il importe aux monarques
Qui veulent aux vertus rendre de dignes marques
De les savoir connaître, et ne pas ignorer
Ceux d'entre leurs sujets qu'ils doivent honorer.

D. MANRIQUE

Je ne me croyais pas être ici pour l'entendre,

D. ISABELLE

Comte, encore une fois laissez-le me l'apprendre,
Nous aurons temps pour tout. Et vous, parlez, Carlos.

CARLOS

Je dirai qui je suis, madame, en peu de mots.
On m'appelle soldat : je fais gloire de l'être ;
Au feu roi par trois fois je le fis bien paraître.
L'étendard de Castille, à ses yeux enlevé,
Des mains des ennemis par moi seul fut sauvé :
Cette seule action rétablit la bataille,
Fit rechasser le Maure au pied de sa muraille,

Et, rendant le courage aux plus timides cœurs,
Rappela les vaincus, et défit les vainqueurs.
Ce même roi me vit dedans l'Andalousie
Dégager sa personne en prodiguant ma vie,
Quand, tout percé de coups, sur un monceau de morts,
Je lui fis si longtemps bouclier de mon corps,
Qu'enfin autour de lui ses troupes ralliées,
Celles qui l'enfermaient furent sacrifiées ;
Et le même escadron qui vint le secourir
Le ramena vainqueur, et moi prêt à mourir.
Je montai le premier sur les murs de Séville,
Et tins la brèche ouverte aux troupes de Castille.
Je ne vous parle point d'assez d'autres exploits,
Qui n'ont pas pour témoins eu les yeux de mes rois.
Tel me voit et m'entend, et me méprise encore,
Qui gémirait sans moi dans les prisons du Maure.

D. MANRIQUE

Nous parlez-vous, Carlos, pour don Lope et pour moi?

CARLOS

Je parle seulement de ce qu'a vu le roi,
Seigneur ; et qui voudra parle à sa conscience.
Voilà dont le feu roi me promit récompense ;
Mais la mort le surprit comme il la résolvait.

D. ISABELLE

Il se fût acquitté de ce qu'il vous devait ;
Et moi, comme héritant son sceptre et sa couronne,
Je prends sur moi sa dette, et je vous la fais bonne.
Seyez-vous, et quittons ces petits différends.

D. LOPE

Souffrez qu'auparavant il nomme ses parents.
Nous ne contestons point l'honneur de sa vaillance,
Madame ; et s'il en faut notre reconnaissance,

Nous avouerons tous deux qu'en ces combats der-
                                                [niers
L'un et l'autre, sans lui, nous étions prisonniers ;
Mais enfin la valeur, sans l'éclat de la race,
N'eut jamais aucun droit d'occuper cette place.

CARLOS

Se pare qui voudra du nom de ses aïeux :
Moi, je ne veux porter que moi-même en tous lieux;
Je ne veux rien devoir à ceux qui m'ont fait naître,
Et suis assez connu sans les faire connaître.
Mais, pour en quelque sorte obéir à vos lois,
Seigneur, pour mes parents je nomme mes exploits;
Ma valeur est ma race, et mon bras est mon père.

D. LOPE

Vous le voyez, madame, et la preuve en est claire;
Sans doute il n'est pas noble.

D. ISABELLE

                        Eh bien ! je l'anoblis,
Quelle que soit sa race et de qui qu'il soit fils.
Qu'on ne conteste plus.

D. MANRIQUE

                Encore un mot, de grâce.

D. ISABELLE

Don Manrique, à la fin c'est prendre trop d'audace.
Ne puis-je l'anoblir si vous n'y consentez?

D. MANRIQUE

Oui, mais ce rang n'est dû qu'aux hautes dignités ;
Tout autre qu'un marquis ou comte le profane.

D. ISABELLE, à Carlos.

Eh bien ! seyez-vous donc, marquis de Santillane,

Comte de Penafiel, gouverneur de Burgos.
Don Manrique, est-ce assez pour faire seoir Carlos?
Vous reste-t-il encor quelque scrupule en l'âme?

(D. Manrique et D. Lope se lèvent, et Carlos se sied.)

D. MANRIQUE

Achevez, achevez; faites-le roi, madame :
Par ces marques d'honneur l'élever jusqu'à nous,
C'est moins nous l'égaler que l'approcher de vous.
Ce préambule adroit n'était pas sans mystère;
Et ces nouveaux serments qu'il nous a fallu faire
Montraient bien dans votre âme un tel choix préparé.
Enfin vous le pouvez, et nous l'avons juré.
Je suis prêt d'obéir, et, loin d'y contredire;
Je laisse entre ses mains et vous et votre empire.
Je sors avant ce choix, non que j'en sois jaloux,
Mais de peur que mon front n'en rougisse pour vous.

D. ISABELLE

Arrêtez, insolent : votre reine pardonne
Ce qu'une indigne crainte imprudemment soupçonne;
Et, pour la démentir, veut bien vous assurer
Qu'au choix de ses États elle veut demeurer ;
Que vous tenez encor même rang dans son âme,
Qu'elle prend vos transports pour un excès de flamme;
Et qu'au lieu d'en punir le zèle injurieux,
Sur un crime d'amour elle ferme les yeux.

D. MANRIQUE

Madame, excusez donc si quelque antipathie...

D. ISABELLE

Ne faites point ici de fausse modestie;
J'ai trop vu votre orgueil pour le justifier,
Et sais bien les moyens de vous humilier.
Soit que j'aime Carlos, soit que par simple estime
Je rende à ses vertus un honneur légitime,

Vous devez respecter, quels que soient mes desseins.
Ou le choix de mon cœur, ou l'œuvre de mes mains,
Je l'ai fait votre égal ; et quoiqu'on s'en mutine,
Sachez qu'à plus encor ma faveur le destine.
Je veux qu'aujourd'hui même il puisse plus que moi :
J'en ai fait un marquis, je veux qu'il fasse un roi.
S'il a tant de valeur que vous-mêmes le dites,
Il sait quelle est la vôtre, et connaît vos mérites,
Et jugera de vous avec plus de raison
Que moi, qui n'en connais que la race et le nom.
Marquis, prenez ma bague, et la donnez pour marque
Au plus digne des trois, que j'en fasse un monarque.
Je vous laisse y penser tout ce reste du jour.
Rivaux ambitieux, faites-lui votre cour :
Qui me rapportera l'anneau que je lui donne
Recevra sur le champ ma main et ma couronne.
Allons, reines, allons, et laissons-les juger
De quel côté l'amour avait su m'engager.

SCÈNE IV

D. MANRIQUE, D. LOPE, D. ALVAR, CARLOS

D. LOPE

Eh bien ! seigneur marquis, nous direz-vous, de grâce,
Ce que, pour vous gagner, il est besoin qu'on fasse ?
Vous êtes notre juge, il faut vous adoucir.

CARLOS

Vous y pourriez peut-être assez mal réussir.
Quittez ces contre-temps de froide raillerie.

D. MANRIQUE

Il n'en est pas saison, quand il faut qu'on vous prie.

CARLOS

Ne raillons, ni prions, et demeurons amis.
Je sais ce que la reine en mes mains a remis ;
J'en userai fort bien : vous n'avez rien à craindre,
Et pas un de vous trois n'aura lieu de se plaindre.
Je n'entreprendrai point de juger entre vous
Qui mérite le mieux le nom de son époux ;
Je serais téméraire, et m'en sens incapable ;
Et peut-être quelqu'un m'en tiendrait récusable.
Je m'en récuse donc, afin de vous donner
Un juge que sans honte on ne peut soupçonner ;
Ce sera votre épée, et votre bras lui-même.
Comtes, de cet anneau dépend le diadème :
Il vaut bien un combat ; vous avez tous du cœur :
Et je le garde...

D. LOPE
A qui, Carlos?

CARLOS
                                A mon vainqueur (1).
Qui pourra me l'ôter l'ira rendre à la reine,
Ce sera du plus digne une preuve certaine.
Prenez entre vous l'ordre et du temps et du lieu ;
Je m'y rendrai sur l'heure, et vais l'attendre. Adieu.

SCÈNE V

D. MANRIQUE, D. LOPE, D. ALVAR

D. LOPE
Vous voyez l'arrogance.

(1) Cela est digne de la tragédie la plus sublime. Dès qu'il s'agit de grandeur, il y en a toujours dans les pièces espagnoles. (V.)

D. ALVAR

Ainsi les grands courages
Savent en généreux repousser les outrages.

D. MANRIQUE

Il se méprend pourtant s'il pense qu'aujourd'hu
Nous daignions mesurer notre épée avec lui.

D. ALVAR

Refuser un combat!

D. LOPE

Des généraux d'armée,
Jaloux de leur honneur et de leur renommée,
Ne se commettent point contre un aventurier.

D. ALVAR

Ne mettez point si bas un si vaillant guerrier :
Qu'il soit ce qu'en voudra présumer votre haine,
Il doit être pour nous ce qu'a voulu la reine.

D. LOPE

La reine, qui nous brave, et, sans égard au sang,
Ose souiller ainsi l'éclat de notre rang!

D. ALVAR

Les rois de leurs faveurs ne sont jamais comptables :
Ils font, comme il leur plaît, et défont nos sem-
[blables (1).

D. MANRIQUE

Envers les majestés vous êtes bien discret.
Voyez-vous cependant qu'elle l'aime en secret?

(1) Cela n'était pas vrai dans ce temps-là ; un roi de Castille
ou d'Aragon n'avait pas le droit de destituer un homme titré.(V.)

D. ALVAR

Dites, si voulez, qu'ils sont d'intelligence,
Qu'elle a de sa valeur si haute confiance,
Qu'elle espère par là faire approuver son choix,
Et se rendre avec gloire au vainqueur de tous trois ;
Qu'elle nous hait dans l'âme autant qu'elle l'adore,
C'est à nous d'honorer ce que la reine honore.

D. MANRIQUE

Vous la respectez fort : mais y prétendez-vous ?
On dit que l'Aragon a des charmes si doux...

D. ALVAR

Qu'ils me soient doux ou non, je ne crois pas sans
[crime
Pouvoir de mon pays désavouer l'estime :
Et puisqu'il m'a jugé digne d'être son roi,
Je soutiendrai partout l'état qu'il fait de moi.
Je vais donc disputer, sans que rien me retarde,
Au marquis don Carlos cet anneau qu'il nous garde ;
Et si sur sa valeur je le puis emporter,
J'attendrai de vous deux qui voudra me l'ôter :
Le champ vous sera libre.

D. LOPE

            A la bonne heure, comte ;
Nous vous irons alors le disputer sans honte ;
Nous ne dédaignons point un si digne rival :
Mais pour votre marquis, qu'il cherche son égal.

ACTE SECOND

SCÈNE PREMIÈRE

D. ISABELLE, BLANCHE

D. ISABELLE

Blanche, as-tu rien connu d'égal à ma misère ?
Tu vois tous mes désirs condamnés à se taire,
Mon cœur faire un beau choix sans l'oser accepter,
Et nourrir un beau feu sans l'oser écouter.
Vois par là ce que c'est, Blanche, que d'être reine :
Comptable de moi-même au nom de souveraine,
Et sujette à jamais du trône où je me voi,
Je puis tout pour tout autre, et ne puis rien pour moi.
O sceptres ! s'il est vrai que tout vous soit possible,
Pourquoi ne pouvez-vous rendre un cœur insensible ?
Pourquoi permettez-vous qu'il soit d'autres appas,
Ou que l'on ait des yeux pour ne les croire pas ?

BLANCHE

Je présumais tantôt que vous les alliez croire ;
J'en ai plus d'une fois tremblé pour votre gloire.
Ce qu'à vos trois amants vous avez fait jurer
Au choix de don Carlos semblait tout préparer :
Je le nommais pour vous. Mais enfin par l'issue
Ma crainte s'est trouvée heureusement déçue ;
L'effort de votre amour a su se modérer :
Vous l'avez honoré sans vous déshonorer,
Et satisfait ensemble, en trompant mon attente,
La grandeur d'une reine et l'ardeur d'une amante.

D. ISABELLE

Dis que, pour honorer sa générosité,
Mon amour s'est joué de mon autorité,
Et qu'il a fait servir, en trompant ton attente,
Le pouvoir de la reine au courroux de l'amante.
D'abord par ce discours, qui t'a semblé suspect,
Je voulais seulement essayer leur respect,
Soutenir jusqu'au bout la dignité de reine ;
Et comme enfin ce choix me donnait de la peine,
Perdre quelques moments, choisir un peu plus tard :
J'allais nommer pourtant, et nommer au hasard :
Mais tu sais quel orgueil ont lors montré les comtes,
Combien d'affronts pour lui, combien pour moi de
[hontes.
Certes, il est bien dur à qui se voit régner
De montrer quelque estime, et la voir dédaigner.
Sous ombre de venger sa grandeur méprisée,
L'amour à la faveur trouve une pente aisée :
A l'intérêt du sceptre aussitôt attaché,
Il agit d'autant plus qu'il se croit bien caché,
Et s'ose imaginer qu'il ne fait rien paraître
Que ce change de nom ne fasse méconnaître.
J'ai fait Carlos marquis, et comte, et gouverneur;
Il doit à ses jaloux tous ces titres d'honneur :
M'en voulant faire avare, ils m'en faisaient prodigue ;
Ce torrent grossissait, rencontrant cette digue :
C'était plus les punir que le favoriser.
L'amour me parlait trop, j'ai voulu l'amuser;
Par ces profusions j'ai cru le satisfaire,
Et l'ayant satisfait, l'obliger à se taire ;
Mais, hélas ! en mon cœur il avait tant d'appui,
Que je n'ai pu jamais prononcer contre lui,
Et n'ai mis en ses mains ce don du diadème
Qu'afin de l'obliger à s'exclure lui-même.
Ainsi, pour apaiser les murmures du cœur,
Mon refus a porté les marques de faveur ;

Et, revêtant de gloire un invisible outrage,
De peur d'en faire un roi je l'ai fait davantage :
Outre qu'indifférente aux vœux de tous les trois
J'espérais que l'amour pourrait suivre son choix,
Et que le moindre d'eux de soi-même estimable
Recevrait de sa main la qualité d'aimable.
Voilà, Blanche, où j'en suis; voilà ce que j'ai fait;
Voilà les vrais motifs dont tu voyais l'effet :
Car mon âme pour lui, quoique ardemment pressée,
Ne saurait se permettre une indigne pensée ;
Et je mourrais encore avant que m'accorder
Ce qu'en secret mon cœur ose me demander.
Mais enfin je vois bien que je me suis trompée
De m'en être remise à qui porte une épée,
Et trouve occasion, dessous cette couleur,
De venger le mépris qu'on fait de sa valeur.
Je devais par mon choix étouffer cent querelles ;
Et l'ordre que j'y tiens en forme de nouvelles,
Et jette entre les grands, amoureux de mon rang,
Une nécessité de répandre du sang.
Mais j'y saurai pourvoir.

BLANCHE

                    C'est un pénible ouvrage
D'arrêter un combat qu'autorise l'usage,
Que les lois ont réglé, que les rois vos aïeux
Daignaient assez souvent honorer de leurs yeux :
On ne s'en dédit point sans quelque ignominie;
Et l'honneur aux grands cœurs est plus cher que la vie

D. ISABELLE

Je sais ce que tu dis, et n'irai pas de front
Faire un commandement qu'ils prendraient pour
                                        [affront
Lorsque le déshonneur souille l'obéissance,
Les rois peuvent douter de leur toute-puissance :

Qui la hasarde alors n'en sait pas bien user :
Et qui veut pouvoir tout ne doit pas tout oser.
Je romprai ce combat feignant de le permettre,
Et je le tiens rompu si je le puis remettre.
Les reines d'Aragon pourront même m'aider.
Voici déjà Carlos que je viens de mander.
Demeure, et tu verras avec combien d'adresse
Ma gloire de mon âme est toujours la maîtresse.

SCÈNE II

D. ISABELLE, CARLOS, BLANCHE

D. ISABELLE

Vous avez bien servi, marquis et jusqu'ici
Vos armes ont pour nous dignement réussi :
Je pense avoir aussi bien payé vos services.
Malgré vos envieux et leurs mauvais offices,
J'ai fait beaucoup pour vous, et tout ce que j'ai fait
Ne vous a pas coûté seulement un souhait.
Si cette récompense est pourtant si petite
Qu'elle ne puisse aller jusqu'à votre mérite,
S'il vous en reste encor quelque autre à souhaiter,
Parlez et donnez-moi moyen de m'acquitter.

CARLOS

Après tant de faveurs à pleines mains versées,
Dont mon cœur n'eût osé concevoir les pensées,
Surpris, troublé, confus, accablé de bienfaits,
Que j'osasse former encor quelques souhaits !

D. ISABELLE

Vous êtes donc content; et j'ai lieu de me plaindre.

CARLOS

De moi?

D. ISABELLE

De vous, marquis. Je vous parle sans feindre:
Écoutez. Votre bras a bien servi l'État,
Tant que vous n'avez eu que le nom de soldat :
Dès que je vous fais grand, sitôt que je vous donne
Le droit de disposer de ma propre personne,
Ce même bras s'apprête à troubler son repos,
Comme si le marquis cessait d'être Carlos,
Ou que cette grandeur ne fût qu'un avantage
Qui dût à sa ruine armer votre courage.
Les trois comtes en sont les plus fermes soutiens :
Vous attaquez en eux ses appuis et les miens ;
C'est son sang le plus pur que vous voulez répandre ;
Et vous pouvez juger l'honneur qu'on leur doit rendre,
Puisque ce même État, me demandant un roi,
Les a jugés eux trois les plus dignes de moi.
Peut-être un peu d'orgueil vous a mis dans la tête
Qu'à venger leur mépris ce prétexte est honnête ;
Vous en avez suivi la première chaleur :
Mais leur mépris va-t-il jusqu'à votre valeur?
N'en ont-ils pas rendu témoignage à ma vue?
Ils ont fait peu d'état d'une race inconnue,
Ils ont douté d'un sort que vous voulez cacher :
Quand un doute si juste aurait dû vous toucher,
J'avais pris quelque soin de vous venger moi-même.
Remettre entre vos mains le don du diadème,
Ce n'était pas, marquis, vous venger à demi.
Je vous ai fait leur juge, et non leur ennemi ;
Et si sous votre choix j'ai voulu les réduire,
C'est pour vous faire honneur, et non pour les dé-
                                             [truire.
C'est votre seul avis, non leur sang, que je veux ;
Et c'est m'entendre mal que vous armer contre eux.
N'auriez-vous point pensé que, si ce grand courage
Vous pouvait sur tous trois donner quelque avantage,

On dirait que l'État, me cherchant un époux,
N'en aurait pu trouver de comparable à vous?
Ah! si je vous croyais si vain, si téméraire...

CARLOS

Madame, arrêtez là votre juste colère;
Je suis assez coupable, et n'ai que trop osé,
Sans choisir pour me perdre un crime supposé.
Je ne me défends point des sentiments d'estime
Que vos moindres sujets auraient pour vous sans crime.
Lorsque je vois en vous les célestes accords
Des grâces de l'esprit et des beautés du corps,
Je puis, de tant d'attraits, l'âme toute ravie,
Sur l'heur de votre époux jeter un œil d'envie;
Je puis contre le ciel en secret murmurer
De n'être pas né roi pour pouvoir espérer;
Et, les yeux éblouis de cet éclat suprême,
Baisser soudain la vue, et rentrer en moi-même:
Mais que je laisse aller d'ambitieux soupirs,
Un ridicule espoir, de criminels désirs!
Je vous aime, madame, et vous estime en reine;
Et quand j'aurais des feux dignes de votre haine,
Si votre âme, sensible à ces indignes feux,
Se pouvait oublier jusqu'à souffrir mes vœux;
Si, par quelque malheur que je ne puis comprendre,
Du trône jusqu'à moi je la voyais descendre,
Commençant aussitôt à vous moins estimer,
Je cesserais sans doute aussi de vous aimer.
L'amour que j'ai pour vous est tout à votre gloire:
Je ne vous prétends point pour fruit de ma victoire:
Je combats vos amants, sans dessein d'acquérir
Que l'heur d'en faire voir le plus digne, et mourir;
Et tiendrais mon destin assez digne d'envie,
S'il le faisait connaître aux dépens de ma vie.
Serait-ce à vos faveurs répondre pleinement,
Que hasarder ce choix à mon seul jugement?

Il vous doit un époux, à la Castille un maître :
Je puis en mal juger, je puis les mal connaître.
Je sais qu'ainsi que moi le démon des combats
Peut donner au moins digne et vous et vos États;
Mais du moins si le sort des armes journalières
En laisse par ma mort de mauvaises lumières,
Elle m'en ôtera la honte et le regret;
Et même, si votre âme en aime un en secret,
Et que ce triste choix rencontre mal le vôtre,
Je ne vous verrai point entre les bras d'un autre,
Reprocher à Carlos par de muets soupirs
Qu'il est l'unique auteur de tous vos déplaisirs.

D. ISABELLE

Ne cherchez point d'excuse à douter de ma flamme,
Marquis; je puis aimer, puisqu'enfin je suis femme;
Mais si j'aime, c'est mal me faire votre cour
Qu'exposer au trépas l'objet de mon amour;
Et toute votre ardeur se serait modérée
A m'avoir dans ce doute assez considérée.
Je le veux éclaircir, et mieux vous éclairer,
Afin de vous apprendre à me considérer.
Je ne le cède point; j'aime, Carlos, oui, j'aime :
Mais l'amour de l'État, plus fort que de moi-même,
Cherche, au lieu de l'objet le plus doux à mes yeux,
Le plus digne héros de régner en ces lieux;
Et, craignant que mes feux osassent me séduire,
J'ai voulu m'en remettre à vous pour m'en instruire.
Mais je crois qu'il suffit que cet objet d'amour
Perde le trône et moi, sans perdre encor le jour :
Et mon cœur qu'on lui vole en souffre assez d'alarmes,
Sans que sa mort pour moi me demande des larmes

CARLOS

Ah! si le ciel tantôt me daignait inspirer
En quel heureux amant je vous dois révérer,
Que par une facile et soudaine victoire...

D. ISABELLE

Ne pensez qu'à défendre et vous et votre gloire.
Quel qu'il soit, les respects qui l'auraient épargné
Lui donneraient un prix qu'il aurait mal gagné;
Et céder à mes feux plutôt qu'à son mérite
Ne serait que me rendre au juge que j'évite.
Je n'abuserai point du pouvoir absolu
Pour défendre un combat entre vous résolu;
Je blesserais par là l'honneur de tous les quatre :
Les lois vous l'ont permis, je vous verrai combattre;
C'est à moi, comme reine, à nommer le vainqueur.
Dites-moi, cependant, qui montre plus de cœur ?
Qui des trois le premier éprouve la fortune ?

CARLOS

Don Alvar.

D. ISABELLE

¡Don Alvar !

CARLOS

Oui, don Alvar de Lune.

D. ISABELLE

On dit qu'il aime ailleurs.

CARLOS

On le dit; mais enfin
Lui seul jusqu'ici tente un si noble destin.

D. ISABELLE

Je devine à peu près quel intérêt l'engage;
Et nous verrons demain quel sera son courage.

CARLOS

Vous ne m'avez donné que ce jour pour ce choix.

D. ISABELLE

J'aime mieux au lieu d'un vous en accorder trois.

CARLOS

Madame, son cartel marque cette journée.

D. ISABELLE

C'est peu que son cartel, si je ne l'ai donnée :
Qu'on le fasse venir pour la voir différer.
Je vais pour vos combats faire tout préparer.
Adieu. Souvenez-vous surtout de ma défense;
Et vous aurez demain l'honneur de ma présence.

SCÈNE III

CARLOS

Consens-tu qu'on diffère, honneur? le consens-tu ?
Cet ordre n'a-t-il rien qui souille ma vertu?
N'ai-je point à rougir de cette déférence
Que d'un combat illustre achète la licence?
Tu murmures, ce semble? Achève; explique-toi.
La reine a-t-elle droit de te faire la loi?
Tu n'es point son sujet, l'Aragon m'a vu naître.
O ciel! je m'en souviens; et j'ose encor paraître !
Et je puis, sous les noms de comte et de marquis,
D'un malheureux pêcheur reconnaître le fils !
Honteuse obscurité, qui seule me fais craindre !
Injurieux destin, qui seul me rends à plaindre !
Plus on m'en fait sortir, plus je crains d'y rentrer;
Et crois ne t'avoir fui que pour te rencontrer.
Ton cruel souvenir sans fin me persécute ;
Du rang où l'on m'élève il me montre la chute.
Lasse-toi désormais de me faire trembler;
Je parle à mon honneur, ne viens point le troubler.

Laisse-le sans remords m'approcher des couronnes,
Et ne viens point m'ôter plus que tu ne me donnes.
Je n'ai plus rien à toi : la guerre a consumé
Tout cet indigne sang dont tu m'avais formé;
J'ai quitté jusqu'au nom que je tiens de ta haine,
Et ne puis... Mais voici ma véritable reine.

SCÈNE IV

D. ELVIRE, CARLOS

D. ELVIRE

Ah! Carlos, car j'ai peine à vous nommer marquis,
Non qu'un titre si beau ne vous soit bien acquis,
Non qu'avecque justice il ne vous appartienne,
Mais parce qu'il vous vient d'autre main que la mienne,
Et que je présumais n'appartenir qu'à moi
D'élever votre gloire au rang où je la voi.
Je me consolerais toutefois avec joie
Des faveurs que sans moi le ciel sur vous déploie,
Et verrais sans envie agrandir un héros,
Si le marquis tenait ce qu'a promis Carlos,
S'il avait comme lui son bras à mon service.
Je venais à la reine en demander justice;
Mais puisque je vous vois, vous m'en ferez raison.
Je vous accuse donc, non pas de trahison,
Pour un cœur généreux cette tache est trop noire,
Mais d'un peu seulement de manque de mémoire.

CARLOS

Moi, madame ?

D. ELVIRE

Écoutez mes plaintes en repos.
Je me plains du marquis, et non pas de Carlos.

Carlos de tout son cœur me tiendrait sa parole :
Mais ce qu'il m'a donné, le marquis me le vole ;
C'est lui seul qui dispose ainsi du bien d'autrui,
Et prodigue son bras quand il n'est plus à lui.
Carlos se souviendrait que sa haute vaillance
Doit ranger don Garcie à mon obéissance ;
Qu'elle doit affermir mon sceptre dans ma main ;
Qu'il doit m'accompagner peut-être dès demain :
Mais ce Carlos n'est plus, le marquis lui succède,
Qu'une autre soif de gloire, un autre objet possède,
Et qui, du même bras que m'engageait sa foi,
Entreprend trois combats pour une autre que moi.
Hélas ! si ces honneurs dont vous comble la reine
Réduisent mon espoir en une attente vaine ;
Si les nouveaux desseins que vous en concevez
Vous ont fait oublier ce que vous me devez,
Rendez-lui ces honneurs qu'un tel oubli profane,
Rendez-lui Penafiel, Burgos, et Santillane ;
L'Aragon a de quoi vous payer ces refus,
Et vous donner encor quelque chose de plus.

CARLOS

Et Carlos, et marquis, je suis à vous, madame ;
Le changement de rang ne change point mon âme
Mais vous trouverez bon que, par ces trois défis,
Carlos tâche à payer ce que doit le marquis.
Vous réserver mon bras noirci d'une infamie,
Attirerait sur vous la fortune ennemie,
Et vous hasarderait, par cette lâcheté,
Au juste châtiment qu'il aurait mérité.
Quand deux occasions pressent un grand courage,
L'honneur à la plus proche avidement l'engage,
Et lui fait préférer, sans le rendre inconstant,
Celle qui se présente à celle qui l'attend.
Ce n'est pas toutefois, madame, qu'il l'oublie :
Mais, bien que je vous doive immoler don Garcie,

J'ai vu que vers la reine on perdait le respect,
Que d'un indigne amour son cœur était suspect ;
Pour m'avoir honoré je l'ai vue outragée,
Et ne puis m'acquitter qu'après l'avoir vengée.

D. ELVIRE

C'est me faire une excuse où je ne comprends rien,
Sinon que son service est préférable au mien,
Qu'avant que de me suivre on doit mourir pour elle,
Et qu'étant son sujet il faut m'être infidèle.

CARLOS

Ce n'est point en sujet que je cours au combat ;
Peut-être suis-je né dedans quelque autre État :
Mais, par un zèle entier et pour l'une et pour l'autre,
J'embrasse également son service et le vôtre ;
Et les plus grands périls n'ont rien de hasardeux
Que j'ose refuser pour aucune des deux.
Quoique engagé demain à combattre pour elle,
S'il fallait aujourd'hui venger votre querelle, .
Tout ce que je lui dois ne m'empêcherait pas
De m'exposer pour vous à plus de trois combats.
Je voudrais toutes deux pouvoir vous satisfaire,
Vous, sans manquer vers elle ; elle, sans vous déplaire :
Cependant je ne puis servir elle ni vous
Sans de l'une ou de l'autre allumer le courroux.
Je plaindrais un amant qui souffrirait mes peines,
Et, tel pour deux beautés que je suis pour deux reines,
Se verrait déchiré par un égal amour,
Tel que sont mes respects dans l'une et l'autre cour :
L'âme d'un tel amant, tristement balancée,
Sur d'éternels soucis voit flotter sa pensée ;
Et, ne pouvant résoudre à quels vœux se borner,
N'ose rien acquérir, ni rien abandonner :
Il n'aime qu'avec trouble, il ne voit qu'avec crainte :
Tout ce qu'il entreprend donne sujet de plainte ;

Ses hommages partout ont de fausses couleurs,
Et son plus grand service est un grand crime ailleurs.

D. ELVIRE

Aussi sont-ce d'amour les premières maximes,
Que partager son âme est le plus grand des crimes.
Un cœur n'est à personne alors qu'il est à deux ;
Aussitôt qu'il les offre, il dérobe ses vœux ;
Ce qu'il a de constance, à choisir trop timide,
Le rend vers l'une et l'autre incessamment perfide ;
Et, comme il n'est enfin ni rigueurs, ni mépris,
Qui d'un pareil amour ne soient un digne prix,
Il ne peut mériter d'aucun œil qui le charme,
En servant, un regard, en mourant, une larme.

CARLOS

Vous seriez bien sévère envers un tel amant.

D. ELVIRE

Allons voir si la reine agirait autrement,
S'il en devrait attendre un plus léger supplice.
Cependant don Alvar le premier entre en lice ;
Et vous savez l'amour qu'il m'a toujours fait voir.

CARLOS

Je sais combien sur lui vous avez de pouvoir.

D. ELVIRE

Quand vous le combattrez, pensez à ce que j'aime,
Et ménagez son sang comme le vôtre même.

CARLOS

Quoi ! m'ordonneriez-vous qu'ici j'en fisse un roi ?

D. ELVIRE

Je vous dis seulement que vous pensiez à moi.

ACTE TROISIÈME

SCÈNE ¡PREMIÈRE

D. ELVIRE, D. ALVAR

D. ELVIRE

Vous pouvez donc m'aimer, et d'une âme bien saine
Entreprendre un combat pour acquérir la reine !
Quel astre agit sur vous avec tant de rigueur,
Qu'il force votre bras à trahir votre cœur?
L'honneur, me dites-vous, vers l'amour vous excuse :
Ou cet honneur se trompe, ou cet amour s'abuse;
Et je ne comprends point, dans un si mauvais tour,
Ni quel est cet honneur, ni quel est cet amour.
Tout l'honneur d'un amant, c'est d'être amant fidèle
Si vous m'aimez encor, que prétendez-vous d'elle ?
Et si vous l'acquérez, que voulez-vous de moi?
Aurez-vous droit alors de lui manquer de foi?
La mépriserez-vous quand vous l'aurez acquise?

D. ALVAR

Qu'étant né son sujet jamais je la méprise !

D. ELVIRE

Que me voulez-vous donc! Vaincu par don Carlos,
Aurez-vous quelque grâce à troubler mon repos?
En serez-vous plus digne? et, par cette victoire,
Répandra-t-il sur vous un rayon de sa gloire?

D. ALVAR

Que j'ose présenter ma défaite à vos yeux !

D. ELVIRE

Que me veut donc enfin ce cœur ambitieux?

D. ALVAR

Que vous preniez pitié de l'état déplorable
Où votre long refus réduit un misérable.
Mes vœux mieux écoutés, par un heureux effet
M'auraient su garantir de l'honneur qu'on m'a fait;
Et l'État par son choix ne m'eût pas mis en peine
De manquer à ma gloire, ou d'acquérir ma reine.
Votre refus m'expose à cette dure loi
D'entreprendre un combat qui n'est que contre moi;
J'en crains également l'une et l'autre fortune.
Et le moyen aussi que j'en souhaite aucune?
Ni vaincu, ni vainqueur, je ne puis être à vous :
Vaincu, j'en suis indigne, et vainqueur, son époux;
Et le destin m'y traite avec tant d'injustice,
Que son plus beau succès me tient lieu de supplice.
Aussi, quand mon devoir ose la disputer,
Je ne veux l'acquérir que pour vous mériter,
Que pour montrer qu'en vous j'adorais la personne,
Et me pouvais ailleurs promettre une couronne.
Fasse le juste ciel que j'y puisse, ou mourir,
Ou ne la mériter que pour vous acquérir!

D. ELVIRE

Ce sont vœux superflus de vouloir un miracle,
Où votre gloire oppose un invincible obstacle;
Et la reine pour moi vous saura bien payer
Du temps qu'un peu d'amour vous fit mal employer.
Ma couronne est douteuse, et la sienne affermie;
L'avantage du change en ôte l'infamie.
Allez; n'en perdez pas la digne occasion.
Poursuivez-la sans honte et sans confusion.
La légèreté même où tant d'honneur engage
Est moins légèreté que grandeur de courage :

Mais gardez que Carlos ne me venge de vous.

D. ALVAR

Ah! laissez-moi, madame, adorer ce courroux.
J'avais cru jusqu'ici mon combat magnanime;
Mais je suis trop heureux s'il passe pour un crime,
Et si, quand de vos lois l'honneur me fait sortir.
Vous m'estimez assez pour vous en ressentir.
De ce crime vers vous quels que soient les supplices,
Du moins il m'a valu plus que tous mes services;
Puisqu'il me fait connaître, alors qu'il vous déplaît,
Que vous daignez en moi prendre quelque intérêt.

D. ELVIRE

Le crime, don Alvar, dont je semble irritée,
C'est qu'on me persécute après m'avoir quittée ;
Et, pour vous dire encor quelque chose de plus,
Je me fâche d'entendre accuser mes refus,
Je suis reine sans sceptre, et n'en ai que le titre ;
Le pouvoir m'en est dû, le temps en est l'arbitre.
Si vous m'avez servie en généreux amant
Quand j'ai reçu du ciel le plus dur traitement,
J'ai tâché d'y répondre avec toute l'estime
Que pouvait en attendre un cœur si magnanime.
Pouvais-je en cet exil davantage sur moi?
Je ne veux point d'époux que je n'en fasse un roi;
Et je n'ai pas une âme assez basse et commune
Pour en faire un appui de ma triste fortune.
C'est chez moi, don Alvar, dans la pompe et l'éclat,
Que me le doit choisir le bien de mon État.
Il fallait arracher mon sceptre à mon rebelle,
Le remettre en ma main pour le recevoir d'elle;
Je vous aurais peut-être alors considéré
Plus que ne m'a permis un sort si déploré :
Mais une occasion plus prompte et plus brillante
A surpris cependant votre amour chancelante;

. .

Et, soit que votre cœur s'y trouvât disposé,
Soit qu'un si long refus l'y laissât exposé,
Je ne vous blâme point de l'avoir acceptée ;
De plus constants que vous l'auraient bien écoutée.
Quelle qu'en soit pourtant la cause ou la couleur,
Vous pouviez l'embrasser avec moins de chaleur,
Combattre le dernier, et, par quelque apparence,
Témoigner que l'honneur vous faisait violence ;
De cette illusion l'artifice secret
M'eût forcée à vous plaindre et vous perdre à regret ;
Mais courir au-devant, et vouloir bien qu'on voie
Que vos vœux mal reçus m'échappent avec joie !

D. ALVAR

Vous auriez donc voulu que l'honneur d'un tel choix
Eût montré votre amant le plus lâche des trois !
Que pour lui cette gloire eût eu trop peu d'amorces,
Jusqu'à ce qu'un rival eût épuisé ses forces ?
Que...

D. ELVIRE

Vous achèverez au sortir du combat,
Si toutefois Carlos vous en laisse en état.
Voilà vos deux rivaux avec qui je vous laisse,
Et vous dirai demain pour qui je m'intéresse.

D. ALVAR

Hélas! pour le bien voir je n'ai que trop de jour.

SCÈNE II

D. MANRIQUE, D. LOPE, D. ALVAR

D. MANRIQUE

Qui vous traite le mieux, la fortune, ou l'amour ?

La reine charme-t-elle auprès de done Elvire?

D. ALVAR

Si j'emporte la bague, il faudra vous le dire.

D. LOPE

Carlos vous nuit partout, du moins à ce qu'on croit.

D. ALVAR

Il fait plus d'un jaloux, du moins à ce qu'on voit.

D. LOPE

Il devrait par pitié vous céder l'une ou l'autre.

D. ALVAR

Plaignant mon intérêt, n'oubliez pas le vôtre.

D. MANRIQUE

De vrai, la presse est grande à qui le fera roi.

D. ALVAR

Je vous plains fort tous deux, s'il vient à bout de moi.

D. MANRIQUE

Mair si vous le vainquez, serons-nous fort à plaindre.

D. ALVAR

Quand je l'aurai vaincu, vous aurez fort à craindre.

D. LOPE

Oui, de vous voir lontemps hors de combat pour nous.

D. ALVAR

Nous aurons essuyé les plus dangereux coups.

D. MANRIQUE

L'heure nous tardera d'en voir l'expérience.

D. ALVAR

On pourra vous guérir de cette impatience.

D. LOPE

De grâce, faites donc que ce soit promptement.

SCÈNE III

D. ISABELLE, D. MANRIQUE, D, ALVAR, D. LOPE

D. ISABELLE

Laissez-moi, don Alvar, leur parler un moment :
Je n'entreprendrai rien à votre préjudice ;
Et mon dessein ne va qu'à vous faire justice,
Qu'à vous favoriser plus que vous ne voulez.

D. ALVAR

Je ne sais qu'obéir alors que vous parlez.

SCÈNE IV

D. ISABELLE, D. MANRIQUE, D. LOPE

D. ISABELLE

Comtes, je ne veux plus donner lieu qu'on murmure
Que choisir par autrui c'est me faire une injure ;
Et puisque de ma main le choix sera plus beau,
Je veux choisir moi-même, et reprendre l'anneau.
Je ferai plus pour vous : des trois qu'on me propose
J'en exclus don Alvar; vous en savez la cause :
Je ne veux point gêner un cœur plein d'autres feux,
Et vous ôte un rival pour le rendre à ses vœux.
Qui n'aime que par force aime qu'on le néglige ;
Et mon refus du moins autant que vous l'oblige.

Vous êtes donc les seuls que je veux regarder :
Mais, avant qu'à choisir j'ose me hasarder,
Je voudrais voir en vous quelque preuve certaine
Qu'en moi c'est moi qu'on aime, et non l'éclat de reine.
L'amour n'est, ce dit-on, qu'une union d'esprits,
Et je tiendrais des deux celui-là mieux épris
Qui favoriserait ce que je favorise,
Et ne mépriserait que ce que je méprise,
Qui prendrait en m'aimant même cœur, mêmes yeux :
Si vous ne m'entendez, je vais m'expliquer mieux.
Aux vertus de Carlos j'ai paru libérale :
Je voudrais en tous deux voir une estime égale,
Qu'il trouvât même honneur, même justice en vous ;
Car ne présumez pas que je prenne un époux
Pour m'exposer moi-même à ce honteux outrage
Qu'un roi fait de ma main détruise mon ouvrage :
N'y pensez l'un ni l'autre, à moins qu'un digne effet
Suive de votre part ce que pour lui j'ai fait,
Et que par cet aveu je demeure assurée
Que tout ce qui m'a plu doit être de durée.

D. MANRIQUE

Toujours Carlos, madame ! et toujours son bonheur
Fait dépendre de lui le nôtre et votre cœur !
Mais puisque c'est par là qu'il faut enfin vous plaire,
Vous-même apprenez-nous ce que nous pouvons faire.
Nous l'estimons tous deux un des braves guerriers
A qui jamais la guerre ait donné des lauriers :
Notre liberté même est due à sa vaillance ;
Et quoiqu'il ait tantôt montré quelque insolence,
Dont nous a dû piquer l'honneur de notre rang,
Vous avez suppléé l'obscurité du sang.
Ce qu'il vous plaît qu'il soit, il est digne de l'être.
Nous lui devons beaucoup, et l'allions reconnaître,
L'honorer en soldat, et lui faire du bien :
Mais après vos faveurs nous ne pouvons plus rien :

Qui pouvait pour Carlos ne peut rien pour un comte;
Il n'est rien en nos mains qu'il ne reçût sans honte,
Et vous avez pris soin de le payer pour nous.

D. ISABELLE

Il en est en vos mains des présents assez doux,
Qui purgeraient vos noms de toute ingratitude,
Et mon âme pour lui de toute inquiétude;
Il en est dont sans honte il serait possesseur :
En un mot, vous avez l'un et l'autre une sœur;
Et je veux que le roi qu'il me plaira de faire,
En recevant ma main, le fasse son beau-frère;
Et que par cet hymen son destin affermi
Ne puisse en mon époux trouver son ennemi.
Ce n'est pas, après tout, que j'en craigne la haine;
Je sais qu'en cet État je serai toujours reine,
Et qu'un tel roi jamais, quel que soit son projet,
Ne sera sous ce nom que mon premier sujet;
Mais je ne me plais pas à contraindre personne,
Et moins que tous un cœur à qui le mien se donne.
Répondez donc tous deux : n'y consentez-vous pas?

D. MANRIQUE

Oui, madame, aux plus longs et plus cruels trépas,
Plutôt qu'à voir jamais de pareils hyménées
Ternir en un moment l'éclat de mille années
Ne cherchez point par là cette union d'esprits :
Votre sceptre, madame, est trop cher à ce prix;
Et jamais...

D. ISABELLE

      Ainsi donc vous me faites connaître
Que ce que je l'ai fait il est digne de l'être,
Que je puis suppléer l'obscurité du sang?

D. MANRIQUE

Oui, bien pour l'élever jusques à notre rang.

Jamais un souverain ne doit compte à personne
Des dignités qu'il fait, et des grandeurs qu'il donne :
S'il est d'un sort indigne ou l'auteur ou l'appui,
Comme il le fait lui seul, la honte est toute à lui.
Mais disposer d'un sang que j'ai reçu sans tache !
Avant que le souiller il faut qu'on me l'arrache ;
J'en dois compte aux aïeux dont il est hérité,
A toute leur famille, à la postérité.

D. ISABELLE

Et moi. Manrique, et moi, qui n'en dois aucun compte,
J'en disposerai seule, et j'en aurai la honte.
Mais quelle extravagance a pu vous figurer
Que je me donne à vous pour vous déshonorer,
Que mon sceptre en vos mains porte quelque infamie ?
Si je suis jusque-là de moi-même ennemie,
En quelle qualité, de sujet ou d'amant,
M'osez-vous expliquer ce noble sentiment ?
Ah ! si vous n'apprenez à parler d'autre sorte...

D. LOPE

Madame, pardonnez à l'ardeur qui l'emporte ;
Il devait s'excuser avec plus de douceur.
Nous avons, en effet, l'un et l'autre une sœur ;
Mais, si j'ose en parler avec quelque franchise,
A d'autres qu'au marquis l'une et l'autre est promise.

D. ISABELLE

A qui, don Lope ?

D. MANRIQUE

A moi, madame.

D ISABELLE

        Et l'autre ?

D. LOPE

A moi.

D. ISABELLE

J'ai donc tort parmi vous de vouloir faire un roi.
Allez, heureux amants, allez voir vos maîtresses;
Et parmi les douceurs de vos dignes caresses
N'oubliez pas de dire à ces jeunes esprits
Que vous faites du trône un généreux mépris.
Je vous l'ai déjà dit, je ne force personne,
Et rends grâce à l'État des amants qu'il me donne.

D. LOPE

Écoutez-nous, de grâce.

D. ISABELLE

Et que me direz-vous?
Que la constance est belle au jugement de tous?
Qu'il n'est point de grandeurs qui la doivent séduire?
Quelques autres que vous m'en sauront mieux ins-
[truire,
Et, si cette vertu ne se doit point forcer,
Peut-être qu'à mon tour je saurai l'exercer.

D. LOPE

Exercez-la, madame, et souffrez qu'on s'explique.
Vous connaîtrez du moins don Lope et don Manrique,
Qu'un vertueux amour qu'ils ont tous deux pour vous,
Ne pouvant rendre heureux sans en faire un jaloux
Porte à tarir ainsi la source des querelles
Qu'entre les grands rivaux on voit si naturelles.
Ils se sont l'un à l'autre attachés par ces nœuds
Qui n'auront leur effet que pour le malheureux :
Il me devra sa sœur, s'il faut qu'il vous obtienne;
Et si je suis à vous, je lui devrai la mienne.
Celui qui doit vous perdre, ainsi, malgré son sort,
A s'approcher de vous fait encor son effort ;

Ainsi, pour consoler l'une ou l'autre infortune,
L'une et l'autre est promise, et nous n'en devons qu'une:
Nous ignorons laquelle ; et vous la choisirez,
Puisque enfin c'est la sœur du roi que vous ferez.
Jugez donc si Carlos en peut être beau-frère,
Et si vous devez rompre un nœud si salutaire,
Hasarder un repos à votre État si doux,
Qu'affermit sous vos lois la concorde entre nous.

D. ISABELLE

Et ne savez-vous point qu'étant ce que vous êtes,
Vos sœurs par conséquent mes premières sujettes,
Les donner sans mon ordre, et même malgré moi,
C'est dans mon propre État m'oser faire la loi ?

D. MANRIQUE

Agissez donc, enfin, madame, en souveraine,
Et souffrez qu'on s'excuse, ou commandez en reine ;
Nous vous obéirons, mais sans y consentir ;
Et pour vous dire tout avant que de sortir,
Carlos est généreux, il connaît sa naissance ;
Qu'il se juge en secret sur cette connaissance,
Et s'il trouve son sang digne d'un tel honneur,
Qu'il vienne, nous tiendrons l'alliance à bonheur ;
Qu'il choisisse des deux, et l'épouse, s'il l'ose.
Nous n'avons plus, madame, à vous dire autre chose :
Mettre en un tel hasard le choix de leur époux,
C'est jusqu'où nous pouvons nous abaisser pour vous ;
Mais, encore une fois, que Carlos y regarde,
Et pense à quels périls cet hymen le hasarde.

D. ISABELLE

Vous-même gardez bien, pour le trop dédaigner,
Que je ne montre enfin comme je sais régner.

SCÈNE V

D. ISABELLE

Quel est ce mouvement qui tous deux les mutine,
Lorsque l'obéissance au trône les destine ?
Est-ce orgueil? est-ce envie? est-ce animosité,
Défiance, mépris, ou générosité ?
N'est-ce point que le ciel ne consent qu'avec peine
Cette triste union d'un sujet à sa reine,
Et jette un prompt obstacle aux plus aisés desseins
Qui laissent choir mon sceptre en leurs indignes mains?
Mes yeux n'ont-ils horreur d'une telle bassesse
Que pour s'abaisser trop lorsque je les abaisse ?
Quel destin à ma gloire oppose mon ardeur ?
Quel destin à ma flamme oppose ma grandeur ?
Si ce n'est que par là que je m'en puis défendre,
Ciel, laisse-moi donner ce que je n'ose prendre ;
Et, puisque enfin pour moi tu n'as point fait de rois,
Souffre de mes sujets le moins indigne choix.

SCÈNE VI

D. ISABELLE, BLANCHE

D. ISABELLE

Blanche, j'ai perdu temps.

BLANCHE

         Je l'ai perdu de même.

D. ISABELLE

Les comtes à ce prix fuyent le diadème.

BLANCHE

Et Carlos ne veut point de fortune à ce prix.

D. ISABELLE

Rend–il haine pour haine, et mépris pour mépris?

BLANCHE

Non, madame, au contraire, il estime ces dames
Dignes des plus grands cœurs et des plus belles flammes.

D. ISABELLE

Et qui l'empêche donc d'aimer et de choisir?

BLANCHE

Quelque secret obstacle arrête son désir.
Tout le bien qu'il en dit ne passe point l'estime ;
Charmantes qu'elles sont, les aimer c'est un crime.
Il ne s'excuse point sur l'inégalité ;
Il semble plutôt craindre une infidélité ;
Et ses discours obscurs, sous un confus mélange,
M'ont fait voir malgré lui comme une horreur du
           change,
Comme une aversion qui n'a pour fondement
Que les secrets liens d'un autre attachement.

D. ISABELLE

Il aimerait ailleurs !

BLANCHE

    Oui, si je ne m'abuse,
Il aime en lieu plus haut que n'est ce qu'il refuse
Et si je ne craignais votre juste courroux,
J'oserais deviner, madame, que c'est vous.

D. ISABELLE

Ah ! ce n'est pas pour moi qu'il est si téméraire ;
Tantôt dans ses respects j'ai trop vu le contraire :

Si l'éclat de mon sceptre avait pu le charmer,
Il ne m'aurait jamais défendu de l'aimer.
S'il aime en lieu si haut, il aime donc Elvire ;
Il doit l'accompagner jusque dans son empire ;
Et fait à mes amants ces défis généreux,
Non pas pour m'acquérir, mais pour se venger d'eux.
Je l'ai donc agrandi pour le voir disparaître,
Et qu'une reine, ingrate à l'égal de ce traître,
M'enlève, après vingt ans de refuge en ces lieux,
Ce qu'avait mon État de plus doux à mes yeux !
Non, j'ai pris trop de soin de conserver sa vie.
Qu'il combatte, qu'il meure, et j'en serai ravie.
Je saurai par sa mort à quels vœux m'engager,
Et j'aimerai des trois qui m'en saura venger.

BLANCHE

Que vous peut offenser sa flamme ou sa retraite,
Puisque vous n'aspirez qu'à vous en voir défaite ?
Je ne sais pas s'il aime ou donc Elvire ou vous,
Mais je ne comprends point ce mouvement jaloux.

D. ISABELLE

Tu ne le comprends point ! et c'est ce qui m'étonne :
Je veux donner son cœur, non que son cœur le donne ;
Je veux que son respect l'empêche de m'aimer,
Non des flammes qu'une autre a su mieux allumer :
Je veux bien plus ; qu'il m'aime, et qu'un juste silence
Fasse à des feux pareils pareille violence ;
Que l'inégalité lui donne même ennui ;
Qu'il souffre autant pour moi que je souffre pour lui ;
Que par le seul dessein d'affermir sa fortune,
Et non point par amour, il se donne à quelqu'une ;
Que par mon ordre seul il s'y laisse obliger :
Que ce soit m'obéir, et non me négliger ;
Et que, voyant ma flamme à l'honorer trop prompte,
Il m'ôte de péril sans me faire de honte.

Car enfin il l'a vue, et la connaît trop bien ;
Mais il aspire au trône, et ce n'est pas au mien ;
Il me préfère une autre, et cette préférence
Forme de son respect la trompeuse apparence :
Faux respect qui me brave et veut régner sans moi !

BLANCHE

Pour aimer donc Elvire, il n'est pas encor roi.

D. ISABELLE

Elle est reine et peut tout sur l'esprit de sa mère.

BLANCHE

Si ce n'est un faux bruit, le ciel lui rend un frère.
Don Sanche n'est point mort, et vient ici, dit-on,
Avec les députés qu'on attend d'Aragon ;
C'est ce qu'en arrivant leurs gens ont fait entendre.

D. ISABELLE

Blanche, s'il est ainsi, que d'heur j'en dois attendre !
L'injustice du ciel, faute d'autres objets,
Me forçait d'abaisser mes yeux sur mes sujets,
Ne voyant point de prince égal à ma naissance
Qui ne fût sous l'hymen, ou Maure, ou dans l'enfance,
Mais, s'il lui rend un frère, il m'envoie un époux.
Comtes, je n'ai plus d'yeux pour Carlos ni pour vous ;
Et, devenant par là reine de ma rivale,
J'aurai droit d'empêcher qu'elle ne se ravale ;
Et ne souffrirai pas qu'elle ait plus de bonheur
Que ne m'en ont permis ces tristes lois d'honneur.

BLANCHE

La belle occasion que votre jalousie,
Douteuse encor qu'elle est, a promptement saisie !

D. ISABELLE

Allons l'examiner, Blanche ; et tâchons de voir
Quelle juste espérance on peut en concevoir.

ACTE QUATRIÈME

SCÈNE PREMIÈRE

D. LÉONOR, D. MANRIQUE, D. LOPE

D. MANRIQUE

Quoique l'espoir d'un trône et l'amour d'une reine
Soient des biens que jamais on ne céda sans
[peine,
Quoiqu'à l'un de nous deux elle ait promis sa foi,
Nous cessons de prétendre où nous voyons un roi.
Dans notre ambition nous savons nous connaître ;
Et, bénissant le ciel qui nous donne un tel maître,
Ce prince qu'il vous rend après tant de travaux
Trouve en nous des sujets, et non pas des rivaux :
Heureux si l'Aragon, joint avec la Castille,
Du sang de deux grands rois ne fait qu'une famille !
Nous vous en conjurons, loin d'en être jaloux,
Comme étant l'un et l'autre à l'État plus qu'à nous ;
Et, tout impatients d'en voir la force unie
Des Maures, nos voisins, dompter la tyrannie,
Nous renonçons sans honte à ce choix glorieux,
Qui d'une grande reine abaissait trop les yeux.

D. LÉONOR

La générosité de votre déférence,
Comtes, flatte trop tôt ma nouvelle espérance :
D'un avis si douteux j'attends fort peu de fruit;
Et ce grand bruit enfin peut-être n'est qu'un bruit.
Mais jugez-en tous deux, et me daignez apprendre
Ce qu'avecque raison mon cœur en doit attendre,

Les troubles d'Aragon vous sont assez connus ;
Je vous en ai souvent tous deux entretenus,
Et ne vous redis point quelles longues misères
Chassèrent don Fernand du trône de ses pères.
Il y voyait déjà monter ses ennemis,
Ce prince malheureux, quand j'accouchai d'un fils :
On le nomma don Sanche ; et, pour cacher sa vie
Aux barbares fureurs du traître don Garcie,
A peine eus-je loisir de lui dire un adieu,
Qu'il le fit enlever sans me dire en quel lieu ;
Et je n'en pus jamais savoir que quelques marques,
Pour reconnaître un jour le sang de nos monarques.
Trop inutiles soins contre un si mauvais sort !
Lui-même au bout d'un an m'apprit qu'il était
                                              [mort.
Quatre ans après il meurt et me laisse une fille,
Dont je vins par son ordre accoucher en Castille.
Il me souvient toujours de ses derniers propos ;
Il mourut en mes bras avec ces tristes mots :
« Je meurs, et je vous laisse en un sort déplorable.
« Le ciel vous puisse un jour être plus favorable !
« Don Raimond a pour vous des secrets importants
« Et vous les apprendra quand il en sera temps :
« Fuyez dans la Castille. » A ces mots il expire,
Et jamais don Raimond ne me voulut rien dire.
Je partis sans lumière en ces obscurités :
Mais le voyant venir avec ces députés,
Et que c'est par leurs gens que ce grand bruit éclate,
(Voyez qu'en sa faveur aisément on se flatte !)
J'ai cru que du secret le temps était venu,
Et que don Sanche était ce mystère inconnu ;
Qu'il l'amenait ici reconnaître sa mère.
Hélas ! que c'est en vain que mon amour l'espère !
A ma confusion ce bruit s'est éclairci ;
Bien loin de l'amener, ils le cherchent ici :
Voyez quelle apparence, et si cette province
A jamais su le nom de ce malheureux prince.

D. LOPE

Si vous croyez au nom, vous croirez son trépas,
Et qu'on cherche don Sanche où don Sanche n'est pas.
Mais si vous en voulez croire la voix publique,
Et que notre pensée avec elle s'applique,
Ou le ciel pour jamais a repris ce héros,
Ou cet illustre prince est le vaillant Carlos.
Nous le dirons tous deux, quoique suspects d'envie,
C'est un miracle pur que le cours de sa vie.
Cette haute vertu qui charme tant d'esprits,
Cette fière valeur qui brave nos mépris,
Ce port majestueux, qui, tout inconnu même,
A plus d'accès que nous auprès du diadème;
Deux reines qu'à l'envi nous voyons l'estimer,
Et qui peut-être ont peine à ne le pas aimer;
Ce prompt consentement d'un peuple qui l'adore :
Madame, après cela j'ose le dire encore,
Ou le ciel pour jamais a repris ce héros,
Ou cet illustre prince est le vaillant Carlos.
Nous avons méprisé sa naissance inconnue;
Mais à ce peu de jours nous recouvrons la vue,
Et verrions à regret qu'il fallût aujourd'hui
Céder notre espérance à tout autre qu'à lui.

D. LÉONOR

Il en a le mérite, et non pas la naissance;
Et lui-même il en donne assez de connaissance,
Abandonnant la reine à choisir parmi vous
Un roi pour la Castille, et pour elle un époux.

D. MANRIQUE

Et ne voyez-vous pas que sa valeur s'apprête
A faire sur tous trois cette illustre conquête?
Oubliez-vous déjà qu'il a dit à vos yeux
Qu'il ne veut rien devoir au nom de ses aïeux?
Son grand cœur se dérobe à ce haut avantage,
Pour devoir sa grandeur entière à son courage;

Dans une cour si belle et si pleine d'appas,
Avez-vous remarqué qu'il aime en lieu plus bas ?

D. LÉONOR

Le voici, nous saurons ce que lui-même en pense.

SCENE II

D. LÉONOR, CARLOS, D. MANRIQUE, D. LOPE

CARLOS

Madame, sauvez-moi d'un honneur qui m'offense :
Un peuple opiniâtre à m'arracher mon nom
Veut que je sois don Sanche, et prince d'Aragon.
Puisque par sa présence il faut que ce bruit meure,
Dois-je être, en l'attendant, le fantôme d'une heure ?
Ou, si c'est une erreur qui lui promet ce roi,
Souffrez-vous qu'elle abuse et de vous et de moi ?

D. LÉONOR

Quoi que vous présumiez de la voix populaire,
Par de secrets rayons le ciel souvent l'éclaire :
Vous apprendrez par là du moins les vœux de tous ;
Et quelle opinion les peuples ont de vous.

D. LOPE

Prince, ne cachez plus ce que le ciel découvre,
Ne fermez pas nos yeux quand sa main nous les
                                                    [ouvre.
Vous devez être las de nous faire faillir.
Nous ignorons quel fruit vous en vouliez cueillir,
Mais nous avions pour vous une estime assez haute
Pour n'être pas forcés à commettre une faute ;
Et notre honneur, au vôtre en aveugle opposé,
Méritait par pitié d'être désabusé.

Notre orgueil n'est pas tel, qu'il s'attache aux per-
[sonnes,
Ou qu'il ose oublier ce qu'il doit aux couronnes;
Et s'il n'a pas eu d'yeux pour un roi déguisé,
Si l'inconnu Carlos s'en est vu méprisé,
Nous respectons don Sanche, et l'acceptons pour
[maître,
Sitôt qu'à notre reine il se fera connaître :
Et sans doute son cœur nous en avouera bien,
Hâtez cette union de votre sceptre au sien,
Seigneur, et, d'un soldat quittant la fausse image,
Recevez, comme roi, notre premier hommage.

CARLOS

Comtes, ces faux respects dont je me vois surpris
Sont plus injurieux encor que vos mépris.
Je pense avoir rendu mon nom assez illustre
Pour n'avoir pas besoin qu'on lui donne un faux lustre.
Reprenez vos honneurs, où je n'ai point de part.
J'imputais ce faux bruit aux fureurs du hasard,
Et doutais qu'il pût être une âme assez hardie
Pour ériger Carlos en roi de comédie :
Mais, puisque c'est un jeu de votre belle humeur,
Sachez que les vaillants honorent la valeur ;
Et que tous vos pareils auraient quelque scrupule
A faire de la mienne un éclat ridicule.
Si c'est votre dessein d'en réjouir ces lieux,
Quand vous m'aurez vaincu vous me raillerez mieux
La raillerie est belle après une victoire ;
On la fait avec grâce aussi bien qu'avec gloire.
Mais vous précipitez un peu trop ce dessein :
La bague de la reine est encore en ma main ;
Et l'inconnu Carlos, sans nommer sa famille,
Vous sert encor d'obstacle au trône de Castille.
Ce bras, qui vous sauva de la captivité,
Peut s'opposer encore à votre avidité.

D. MANRIQUE

Pour n'être que Carlos, vous parlez bien en maître,
Et tranchez bien du prince, en déniant de l'être.
Si nous avons tantôt jusqu'au bout défendu
L'honneur qu'à notre rang nous voyions être dû,
Nous saurons bien encor jusqu'au bout le défendre ;
Mais ce que nous devons, nous aimons à le rendre.
Que vous soyez don Sanche, ou qu'un autre le soit'
L'un et l'autre de nous lui rendra ce qu'il doit.
Pour le nouveau marquis, quoique l'honneur l'irrite'
Qu'il sache qu'on l'honore autant qu'il le mérite ;
Mais que, pour nous combattre, il faut que le bon
|sang
Aide un peu sa valeur à soutenir ce rang.
Qu'il n'y prétende point, à moins qu'il se déclare :
Non que nous demandions qu'il soit Guzman ou Lare ,
Qu'il soit noble, il suffit pour nous traiter d'égal;
Nous le verrons tous deux comme un digne rival;
Et si don Sanche enfin n'est qu'une attente vaine,
Nous lui disputerons cet anneau de la reine.
Qu'il souffre cependant, quoique brave guerrier,
Que notre bras dédaigne un simple aventurier.
Nous vous laissons, madame, éclaircir ce mystère :
Le sang a des secrets qu'entend mieux une mère;
Et, dans les différends qu'avec lui nous avons,
Nous craignons d'oublier ce que nous vous devons.

SCÈNE III

D. LÉONOR, CARLOS

CARLOS

Madame, vous voyez comme l'orgueil me traite,
Pour me faire un honneur on veut que je l'achète ;
Mais, s'il faut qu'il m'en coûte un secret de vingt ans
Cet anneau dans mes mains pourra briller longtemps.,

D. LÉONOR

Laissons là ce combat et parlons de don Sanche.
Ce bruit est grand pour vous, toute la cour y penche :
De grâce, dites-moi, vous connaissez-vous bien ?

CARLOS

Plût à Dieu qu'en mon sort je ne connusse rien
Si j'étais quelque enfant épargné des tempêtes,
Livré dans un désert à la merci des bêtes,
Exposé par la crainte ou par l'inimitié,
Rencontré par hasard, et nourri par pitié,
Mon orgueil à ce bruit prendrait quelque espérance
Sur votre incertitude, et sur mon ignorance ;
Je me figurerais ces destins merveilleux
Qui tiraient du néant les héros fabuleux,
Et me revêtirais des brillantes chimères
Qu'osa former pour eux le loisir de nos pères :
Car enfin je suis vain, et mon ambition
Ne peut s'examiner sans indignation ;
Je ne puis regarder sceptre ni diadème,
Qu'ils n'emportent mon âme au delà d'elle-même :
Inutiles élans d'un vol impétueux
Que pousse vers le ciel un cœur présomptueux,
Que soutiennent en l'air quelques exploits de guerre,
Et qu'un coup d'œil sur moi rabat soudain à terre !
Je ne suis point don Sanche, et connais mes parents ;
Ce bruit me donne en vain un nom que je vous rends ;
Gardez-le pour ce prince : une heure ou deux peut-
[être
Avec vos députés vous le feront connaître.
Laissez-moi cependant à cette obscurité
Qui ne fait que justice à ma témérité.

D. LÉONOR

En vain donc je me flatte, et ce que j'aime à croire
N'est qu'une illusion que me fait votre gloire.

Mon cœur vous en dédit ; un secret mouvement,
Qui le penche vers vous, malgré moi vous dément ;
Mais je ne puis juger quelle source l'anime,
Si c'est l'ardeur du sang, ou l'effort de l'estime ;
Si la nature agit, ou si c'est le désir ;
Si c'est vous reconnaître, ou si c'est vous choisir.
Je veux bien toutefois étouffer ce murmure
Comme de vos vertus une aimable imposture,
Condamner, pour vous plaire, un bruit qui m'est 'si
⌊doux ;
Mais où sera mon fils s'il ne vit point en vous ?
On veut qu'il soit ici ; je n'en vois aucun signe :
On connaît, hormis vous, quiconque en serait digne ;
Et le vrai sang des rois, sous le sort abattu,
Peut cacher sa naissance, et non pas sa vertu :
Il porte sur le front un luisant caractère
Qui parle malgré lui de tout ce qu'il veut taire ;
Et celui que le ciel sur le vôtre avait mis
Pouvait seul m'éblouir si vous l'eussiez permis.
Vous ne l'êtes donc point, puisque vous me le dites.
Mais vous êtes à craindre avec tant de mérites.
Souffrez que j'en demeure à cette obscurité.
Je ne condamne point votre témérité ;
Mon estime, au contraire, est pour vous si puissante,
Qu'il ne tiendra qu'à vous que mon cœur n'y con-
⌊sente :
Votre sang avec moi n'a qu'à se déclarer,
Et je vous donne après liberté d'espérer.
Que si même à ce prix vous cachez votre race,
Ne me refusez point du moins une autre grâce :
Ne vous préparez plus à nous accompagner ;
Nous n'avons plus besoin de secours pour régner.
La mort de don Garcie a puni tous ses crimes,
Et rendu l'Aragon à ses rois légitimes ;
N'en cherchez plus la gloire ; et, quels que soient vos
⌊vœux,
Ne me contraignez point à plus que je ne veux.

Le prix de la valeur doit avoir ses limites ;
Et je vous crains enfin avec tant de mérites.
C'est assez vous en dire. Adieu : pensez-y bien.
Et faites-vous connaître, ou n'aspirez à rien.

SCÈNE IV

CARLOS, BLANCHE

BLANCHE

Qui ne vous craindra point, si les reines vous craignent?

CARLOS

Elles se font raison lorsqu'elles me dédaignent.

BLANCHE

Dédaigner un héros qu'on reconnaît pour roi !

CARLOS

N'aide point à l'envie à se jouer de moi,
Blanche ; et si tu te plais à seconder sa haine,
Du moins respecte en moi l'ouvrage de ta reine.

BLANCHE

La reine même en vous ne voit plus aujourd'hui
Qu'un prince que le ciel nous montre malgré lui.
Mais c'est trop la tenir dedans l'incertitude,
Ce silence vers elle est une ingratitude :
Ce qu'a fait pour Carlos sa générosité
Méritait de don Sanche une civilité.

CARLOS

Ah ! nom fatal pour moi, que tu me persécutes,
Et prépares mon âme à d'effroyables chutes !

SCÈNE V

D. ISABELLE, CARLOS, BLANCHE

CARLOS

Madame, commandez qu'on me laisse en repos,
Qu'on ne confonde plus don Sanche avec Carlos;
C'est faire au nom d'un prince une trop longue injure
Je ne veux que celui de votre créature :
Et si le sort jaloux, qui semble me flatter,
Veut m'élever plus haut pour m'en précipiter,
Souffrez qu'en m'éloignant je dérobe ma tête
A l'indigne revers que sa fureur m'apprête,
Je le vois de trop loin pour l'attendre en ce lieu
Souffrez que je l'évite en vous disant adieu;
Souffrez...

D. ISABELLE

Quoi ! ce grand cœur redoute une couronne:
Quand on le croit monarque, il frémit, il s'étonne !
Il veut fuir cette gloire, et se laisse alarmer.
De ce que sa vertu force d'en présumer !|

CARLOS

Ah ! vous ne voyez pas que cette erreur commune
N'est qu'une trahison de ma bonne fortune;
Que déjà mes secrets sont à demi trahis.
Je lui cachais en vain ma race et mon pays :
En vain sous un faux nom je me faisais connaître,
Pour lui faire oublier ce qu'elle m'a fait naître;
Elle a déjà trouvé mon pays et mon nom.
Je suis Sanche, madame, et né dans l'Aragon,
Et je crois déjà voir sa malice funeste
Détruire votre ouvrage en découvrant le reste,

Et faire voir ici, par un honteux effet,
Quel comte et quel marquis votre faveur a fait.

D. ISABELLE

Pourrais-je alors manquer de force ou de courage
Pour empêcher le sort d'abattre mon ouvrage?
Ne me dérobez point ce qu'il ne peut ternir ;
Et la main qui l'a fait saura le soutenir.
Mais vous vous en formez une vaine menace
Pour faire un beau prétexte à l'amour qui vous chasse
Je ne demande plus d'où partait ce dédain,
Quand j'ai voulu vous faire un hymen de ma main,
Allez dans l'Aragon suivre votre princesse,
Mais allez-y du moins sans feindre une faiblesse ;
Et puisque ce grand cœur s'attache à ses appas,
Montrez, en la suivant, que vous ne fuyez pas.

CARLOS

Ah ! madame, plutôt apprenez tous mes crimes:
Ma tête est à vos pieds, s'il vous faut des victimes.
Tout chétif que je suis, je dois vous avouer
Qu'en me plaignant du sort j'ai de quoi m'en louer :
S'il m'a fait en naissant quelque désavantage,
Il m'a donné d'un roi le nom et le courage;
Et, depuis que mon cœur est capable d'aimer,
A moins que d'une reine, il n'a pu s'enflammer ;
Voilà mon premier crime, et je ne puis vous dire
Qui m'a fait infidèle, ou vous, ou donc Elvire :
Mais je sais que ce cœur, des deux parts engagé,
Se donnant à vous deux, ne s'est point partagé,
Toujours prêt d'embrasser son service et le vôtre,
Toujours prêt à mourir et pour l'une et pour l'autre,
Pour n'en adorer qu'une, il eût fallu choisir:
Et ce choix eût été du moins quelque désir;
Quelque espoir outrageux d'être mieux reçu d'elle,
Et j'ai cru moins de crime à paraître infidèle.

Qui n'a rien à prétendre en peut bien aimer deux,
Et perdre en plus d'un lieu des soupirs et des vœux ;
Voilà mon second crime : et quoique ma souffrance
Jamais à ce beau feu n'ait permis d'espérance,
Je ne puis, sans mourir d'un désespoir jaloux,
Voir dans les bras d'un autre, ou donc Elvire, ou vous.
Voyant que votre choix m'apprêtait ce martyre,
Je voulais m'y soustraire en suivant donc Elvire,
Et languir auprès d'elle, attendant que le sort,
Par un semblable hymen, m'eût envoyé la mort.
Depuis, l'occasion, que vous-même avez faite,
M'a fait quitter le soin d'une telle retraite.
Ce trouble a quelque temps amusé ma douleur ;
J'ai cru par ses combats reculer mon malheur.
Le coup de votre perte est devenu moins rude,
Lorsque j'en ai vu l'heure en quelque incertitude,
Et que j'ai pu me faire une si douce loi
Que ma mort vous donnât un plus vaillant que moi.
Mais je n'ai plus, madame, aucun combat à faire.
Je vois pour vous don Sanche un époux nécessaire :
Car ce n'est point l'amour qui fait l'hymen des rois;
Les raisons de l'État règlent toujours leur choix :
Leur sévère grandeur jamais ne se ravale,
Ayant devant les yeux un prince qui l'égale ;
Et, puisque le saint nœud qui le fait votre époux
Arrête comme sœur donc Elvire avec vous,
Que je ne puis la voir sans voir ce qui me tue,
Permettez que j'évite une fatale vue,
Et que je porte ailleurs les criminels soupirs
D'un reste malheureux de tant de déplaisirs.

D. ISABELLE

Vous m'en dites assez pour mériter ma haine,
Si je laissais agir les sentiments de reine ;
Par un trouble secret je les sens confondus ;
Partez, je le consens, et ne les troublez plus.

Mais non : pour fuir don Sanche, attendez qu'on le
[voie,
Ce bruit peut être faux, et me rendre ma joie.
Que dis-je? Allez, marquis, j'y consens de nouveau;
Mais avant que partir, donnez-lui mon anneau ;
Si ce n'est toutefois une faveur trop grande
Que pour tant de faveurs une reine demande.

CARLOS

Vous voulez que je meure, et je dois obéir,
Dût cette obéissance à mon sort me trahir :
Je recevrai pour grâce un si juste supplice,
S'il en rompt la menace et prévient la malice,
Et souffre que Carlos, en donnant cet anneau,
Emporte ce faux nom et sa gloire au tombeau.
C'est l'unique bonheur où ce coupable aspire.

D. ISABELLE

Que n'êtes-vous don Sanche! Ah ciel! qu'osé-je dire
Adieu : ne croyez pas ce soupir indiscret.

CARLOS

Il m'en a dit assez pour mourir sans regret.

ACTE CINQUIÈME

SCÈNE PREMIÈRE

D. ALVAR, D. ELVIRE

D. ALVAR

Enfin, après un sort à mes vœux si contraire,
Je dois bénir le ciel qui vous renvoie un frère;
Puisque de notre reine il doit être l'époux,
Cette heureuse union me laisse tout à vous.

Je me vois affranchi d'un honneur tyrannique,
D'un joug que m'imposait cette faveur publique,
D'un choix qui me forçait à vouloir être roi :
Je n'ai plus de combat à faire contre moi,
Plus à craindre le prix d'une triste victoire;
Et l'infidélité que vous faisait ma gloire
Consent que mon amour, de ses lois dégagé,
Vous rende un inconstant qui n'a jamais changé.

D. ELVIRE

Vous êtes généreux, mais votre impatience
Sur un bruit incertain prend trop de confiance;
Et cette prompte ardeur de rentrer dans mes fers
Me console trop tôt d'un trône que je perds.
Ma perte n'est encor qu'une rumeur confuse
Qui du nom de Carlos, malgré Carlos, abuse;
Et vous ne savez pas, à vous en bien parler,
Par quelle offre et quels vœux on m'en peut consoler.
Plus que vous ne pensez la couronne m'est chère;
Je perds plus qu'on ne croit, si Carlos est mon frère.
Attendez les effets que produiront ces bruits;
Attendez que je sache au vrai ce que je suis,
Si le ciel m'ôte ou laisse enfin le diadème,
S'il vous faut m'obtenir d'un frère ou de moi-même,
Si, par l'ordre d'autrui, je vous dois écouter,
Ou si j'ai seulement mon cœur à consulter.

D. ALVAR

Ah! ce n'est qu'à ce cœur que le mien vous demande
Madame, c'est lui seul que je veux qui m'entende;
Et mon propre bonheur m'accablerait d'ennui
Si je n'étais à vous que par l'ordre d'autrui.
Pourrais-je de ce frère implorer la puissance
Pour ne vous obtenir que par obéissance;
Et par un lâche abus de son autorité,
M'élever en tyran sur votre volonté?

D. ELVIRE

Avec peu de raison vous craignez qu'il arrive
Qu'il ait des sentiments que mon âme ne suive :
Le digne sang des rois n'a point d'yeux que leurs yeux.
Et leurs premiers sujets obéissent le mieux.
Mais vous êtes étrange avec vos déférences,
Dont les submissions cherchent des assurances.
Vous ne craignez d'agir contre ce que je veux
Que pour tirer de moi que j'accepte vos vœux,
Et vous obstineriez dans ce respect extrême
Jusques à me forcer à dire « Je vous aime ».
Ce mot est un peu rude à prononcer pour nous ;
Souffrez qu'à m'expliquer j'en trouve de plus doux.
Je vous dirai beaucoup, sans pourtant vous rien dire.
Je sais depuis quel temps vous aimez donc Elvire ;
Je sais ce que je dois, je sais ce que je puis :
Mais, encore une fois, sachons ce que je suis ;
Et, si vous n'aspirez qu'au bonheur de me plaire,
Tâchez d'approfondir ce dangereux mystère.
Carlos a tant de lieu de vous considérer,
Que, s'il devient mon roi, vous devez espérer.

D. ALVAR

Madame...

D. ELVIRE

En ma faveur donnez-vous cette peine,
Et me laissez, de grâce, entretenir la reine.

D. ALVAR

J'obéis avec joie, et ferai mon pouvoir
A vous dire bientôt ce qui s'en peut savoir.

SCÈNE II

D. LÉONOR, D. ELVIRE

D. LÉONOR

Don Alvar me fuit-il?

D. ELVIRE

Madame, à ma prière,
Il va dans tous ces bruits chercher quelque lumière.
J'ai craint, en vous voyant, un secours pour ses feux,
Et de défendre mal mon cœur contre vous deux.

D. LÉONOR

Ne pourra-t-il jamais gagner votre courage?

D. ELVIRE

Il peut tout obtenir, ayant votre suffrage.

D. LÉONOR

Je lui puis donc enfin promettre votre foi?

D. ELVIRE

Oui, si vous lui gagnez celui du nouveau roi.

D. LÉONOR

Et si ce bruit est faux, si vous demeurez reine?

D. ELVIRE

Que vous puis-je répondre, en étant incertaine?

D. LÉONOR

En cette incertitude on peut faire espérer.

D. ELVIRE

On peut attendre aussi pour en délibérer :
On agit autrement quand le pouvoir suprême...

SCÈNE III

D. ISABELLE, D. LÉONOR, D. ELVIRE

D. ISABELLE

J'interromps vos secrets, mais j'y prends part moi-
[même ;
Et j'ai tant d'intérêt de connaître ce fils,
Que j'ose demander ce qui s'en est appris.

D. LÉONOR

Vous ne m'en voyez point davantage éclaircie.

D. ISABELLE

Mais de qui tenez-vous la mort de don Garcie,
Vu que, depuis un mois qu'il vient des députés,
On parlait seulement de peuples révoltés?

D. LÉONOR

Je vous puis sur ce point aisément satisfaire ;
Leurs gens m'en ont donné la raison assez claire.
On assiégeait encor, alors qu'ils sont partis,
Dedans leur dernier fort don Garcie et son fils :
On l'a pris tôt après : et soudain par sa prise
Don Raimond prisonnier recouvrant sa franchise,
Les voyant tous deux morts, publie à haute voix
Que nous avions un roi du vrai sang de nos rois,
Que don Sanche vivait, et part en diligence
Pour rendre à l'Aragon le bien de sa présence :
Il joint nos députés, hier, sur la fin du jour,
Et leur dit que ce prince était en votre cour.

C'est tout ce que j'ai pu tirer d'un domestique :
Outre qu'avec ces gens rarement on s'explique,
Comme ils entendent mal, leur rapport est confus :
Mais bientôt don Raimond vous dira le surplus.
Que nous veut cependant Blanche tout étonnée?

SCÈNE IV

D. ISABELLE, D. LÉONOR, D. ELVIRE, BLANCHE

BLANCHE

Ah! madame !

D. ISABELLE

Qu'as-tu ?

BLANCHE

                    La funeste journée !

Votre Carlos...

D. ISABELLE

Eh bien !

BLANCHE

                    Son père est en ces lieux,

Et n'est...

D. ISABELLE

Quoi?

BLANCHE

Qu'un pêcheur.

D. ISABELLE

                    Qui te l'a dit ?

BLANCHE

Mes yeux.

D. ISABELLE

Tes yeux !

BLANCHE

Mes propres yeux.

D. ISABELLE

Que j'ai peine à les croire !

D. LÉONOR

Voudriez-vous, madame, en apprendre l'histoire ?

D. ELVIRE

Que le ciel est injuste !

D. ISABELLE

Il l'est, et nous fait voir,
Par cet injuste effet, son absolu pouvoir,
Qui du sang le plus vil tire une âme si belle,
Et forme une vertu qui n'a lustre que d'elle.
Parle, Blanche, et dis-nous comme il voit ce malheur.

BLANCHE

Avec beaucoup de honte, et plus encor de cœur
Du haut de l'escalier je le voyais descendre ;
En vain de ce faux bruit il se voulait défendre ;
Votre cour, obstinée à lui changer de nom,
Murmurait tout autour : « Don Sanche d'Aragon ! »
Quand un chétif vieillard le saisit et l'embrasse.
Lui, qui le reconnaît, frémit de sa disgrâce ;
Puis, laissant la nature à ses pleins mouvements,
Répond avec tendresse à ses embrassements.
Ses pleurs mêlent aux siens une fierté sincère ;
On n'entend que soupirs : « Ah, mon fils ! ah, mon
[père !

« O jour trois fois heureux! moment trop attendu!
« Tu m'as rendu la vie! » et, « Vous m'avez perdu! »
Chose étrange! à ces cris de douleur et de joie,
Un grand peuple accouru ne veut pas qu'on les croie;
Il s'aveugle soi-même : et ce pauvre pêcheur,
En dépit de Carlos, passe pour imposteur.
Dans les bras de ce fils on lui fait mille hontes;
C'est un fourbe, un méchant suborné par les comtes.
Eux-mêmes (admirez leur générosité)
S'efforcent d'affermir cette incrédulité :
Non qu'ils prennent sur eux de si lâches pratiques;
Mais ils en font auteur un de leurs domestiques,
Qui, pensant bien leur plaire, a si mal à propos
Instruit ce malheureux pour affronter Carlos.
Avec avidité cette histoire est reçue ;
Chacun la tient trop vraie aussitôt qu'elle est sue;
Et, pour plus de croyance à cette trahison,
Les comtes font traîner ce bonhomme en prison.
Carlos rend témoignage en vain contre soi-même;
Les vérités qu'il dit cèdent au stratagème :
Et, dans le déshonneur qui l'accable aujourd'hui,
Ses plus grands envieux l'en sauvent malgré lui.
Il tempête, il menace, et, bouillant de colère,
Il crie à pleine voix qu'on lui rende son père :
On tremble devant lui, sans croire son courroux;
Et rien... Mais le voici qui vient s'en plaindre à vous.

SCÈNE V

D. ISABELLE, D. LÉONOR, D. ELVIRE, BLANCHE,
CARLOS, D. MANRIQUE, D. LOPE.

CARLOS

Eh bien! madame, enfin on connaît ma naissance;
Voilà le digne fruit de mon obéissance.

T. IV, 10

J'ai prévu ce malheur et l'aurais évité
Si vos commandements ne m'eussent arrêté.
Ils m'ont livré, madame, à ce moment funeste ;
Et l'on m'arrache encor le seul bien qui me reste !
On me vole mon père ! on le fait criminel !
On attache à son nom un opprobre éternel !
Je suis fils d'un pêcheur, mais non pas d'un infâme
La bassesse du sang ne va point jusqu'à l'âme,
Et je renonce aux noms de comte et de marquis
Avec bien plus d'honneur qu'aux sentiments de fils ;
Rien n'en peut effacer le secret caractère.
De grâce, commandez qu'on me rende mon père
Ce doit leur être assez de savoir qui je suis,
Sans m'accabler encor par de nouveaux ennuis.

D. MANRIQUE

Forcez ce grand courage à conserver sa gloire,
Madame, et l'empêchez lui-même de se croire.
Nous n'avons pu souffrir qu'un bras qui tant de fois
A fait trembler le Maure, et triompher nos rois,
Reçût de sa naissance une tache éternelle ;
Tant de valeur mérite une source plus belle.
Aidez ainsi que nous ce peuple à s'abuser ;
Il aime son erreur, daignez l'autoriser :
A tant de beaux exploits rendez cette justice,
Et de notre pitié soutenez l'artifice.

CARLOS

Je suis bien malheureux si je vous fais pitié ;
Reprenez votre orgueil et votre inimitié.
Après que ma fortune a soûlé votre envie,
Vous plaignez aisément mon entrée à la vie ;
Et, me croyant par elle a jamais abattu,
Vous exercez sans peine une haute vertu.
Peut-être elle ne fait qu'une embûche à la mienne :
La gloire de mon nom vaut bien qu'on la retienne ;

Mais son plus bel éclat serait trop acheté,
Si je le retenais par une lâcheté.
Si ma naissance est basse, elle est du moins sans
[tache :
Puisque vous la savez, je veux bien qu'on la sache
Sanche, fils d'un pêcheur, et non d'un imposteur,
De deux comtes jadis fut le libérateur ;
Sanche, fils d'un pêcheur, mettait naguère en peine
Deux illustres rivaux sur le choix de leur reine ;
Sanche, fils d'un pêcheur, tient encore en sa main
De quoi faire bientôt tout l'heur d'un souverain ;
Sanche enfin, malgré lui, dedans cette province,
Quoique fils d'un pêcheur, a passé pour un prince.
Voilà ce qu'a pu faire, et qu'a fait à vos yeux,
Un cœur que ravalait le nom de ses aïeux.
La gloire qui m'en reste après cette disgrâce
Éclate encore assez pour honorer ma race,
Et paraîtra plus grande à qui comprendra bien
Qu'à l'exemple du ciel j'ai fait beaucoup de rien.

D. LOPE

Cette noble fierté désavoue un tel père,
Et, par un témoignage à soi-même contraire,
Obscurcit de nouveau ce qu'on voit éclairci.
Non, le fils d'un pêcheur ne parle point ainsi,
Et son âme paraît si dignement formée,
Que j'en crois plus que lui l'erreur que j'ai semée.
Je le soutiens, Carlos, vous n'êtes point son fils :
La justice du ciel ne peut l'avoir permis ;
Les tendresses du sang vous font une imposture,
Et je démens pour vous la voix de la nature.
Ne vous repentez point de tant de dignités
Dont il vous plut orner ses rares qualités :
Jamais plus digne main ne fit plus digne ouvrage,
Madame ; il les relève avec ce grand courage ;
Et vous ne leur pouviez trouver plus haut appui,
Puisque même le sort est au-dessous de lui.

D. ISABELLE

La générosité qu'en tous les trois j'admire
Me met en un état de n'avoir que leur dire,
Et, dans la nouveauté de ces événements,
Par un illustre effort prévient mes sentiments.
Ils paraîtront en vain, comtes, s'ils vous excitent
A lui rendre l'honneur que ses hauts faits méritent,
Et ne dédaigner pas l'illustre et rare objet
D'une haute valeur qui part d'un sang abject :
Vous courez au-devant avec tant de franchise,
Qu'autant que du pêcheur je m'en trouve surprise.
Et vous, que par mon ordre ici j'ai retenu,
Sanche, puisqu'à ce nom vous êtes reconnu,
Miraculeux héros, dont la gloire refuse
L'avantageuse erreur d'un peuple qui s'abuse,
Parmi les déplaisirs que vous en recevez,
Puis-je vous consoler d'un sort que vous bravez?
Puis-je vous demander ce que je vous vois faire ?
Je vous tiens malheureux d'être né d'un tel père ;
Mais je vous tiens ensemble heureux au dernier point
D'être né d'un tel père, et de n'en rougir point,
Et de ce qu'un grand cœur, mis dans l'autre balance,
Emporte encor si haut une telle naissance.

SCÈNE VI

D. ISABELLE, D. LÉONOR, D. ELVIRE, CARLOS,
D. MANRIQUE, D. LOPE, D. ALVAR, BLANCHE, un garde.

D. ALVAR

Princesses, admirez l'orgueil d'un prisonnier
Qu'en faveur de son fils on veut calomnier.
Ce malheureux pêcheur, par promesse ni crainte,
Ne saurait se résoudre à souffrir une feinte.
J'ai voulu lui parler, et n'en fais que sortir ;
J'ai tâché, mais en vain, de lui faire sentir

Combien mal à propos sa présence importune
D'un fils si généreux renverse la fortune,
Et qu'il le perd d'honneur, à moins que d'avouer
Que c'est un lâche tour qu'on le force à jouer ;
J'ai même à ces raisons ajouté la menace :
Rien ne peut l'ébranler, Sanche est toujours sa race,
Et quant à ce qu'il perd de fortune et d'honneur,
Il dit qu'il a de quoi le faire grand seigneur,
Et que plus de cent fois il a su de sa femme
(Voyez qu'il est crédule et simple au fond de l'âme)
Que voyant ce présent, qu'en mes mains il a mis,
La reine d'Aragon agrandirait son fils.

    (à D. Léonor.)

Si vous le recevez avec autant de joie,
Madame, que par moi ce vieillard vous l'envoie,
Vous donnerez sans doute à cet illustre fils
Un rang encor plus haut que celui de marquis.
Ce bonhomme en paraît l'âme toute comblée.

(Don Alvar présente à D. Léonor un petit écrin qui s'ouvre
    sans clef au moyen d'un ressort secret).

D. ISABELLE

Madame, à cet aspect vous paraissez troublée.

D. LÉONOR

J'ai bien sujet de l'être en recevant ce don,
Madame ; j'en saurai si mon fils vit, ou non ;
Et c'est où le feu roi, déguisant sa naissance,
D'un sort si précieux mit la reconnaissance.
Disons ce qu'il enferme avant que de l'ouvrir.
Ah ! Sanche, si par là je puis le découvrir,
Vous pouvez être sûr d'un entier avantage
Dans les lieux dont le ciel a fait notre partage ;
Et qu'après ce trésor que vous m'avez rendu
Vous recevrez le prix qui vous en sera dû.

Mais à ce doux transport c'est déjà trop permettre.
Trouvons notre bonheur avant que d'en promettre.
Ce présent donc enferme un tissu de cheveux
Que reçut don Fernand pour arrhes de mes vœux,
Son portrait et le mien, deux pierres les plus rares
Que forme le soleil sous les climats barbares;
Et, pour un témoignage encore plus certain,
Un billet que lui-même écrivit de sa main.

UN GARDE

Madame, don Raimond vous demande audience.

D. LÉONOR

Qu'il entre. Pardonnez à mon impatience,
Si l'ardeur de le voir et de l'entretenir
Avant votre congé l'ose faire venir.

D. ISABELLE

Vous pouvez commander dans toute la Castille,
Et je ne vous vois plus qu'avec des yeux de fille.

SCÈNE VII

D. ISABELLE, D. LÉONOR, D. ELVIRE, CARLOS, D. MAN-
RIQUE, D. LOPE, D. ALVAR, BLANCHE, D. RAIMOND

D. LÉONOR

Laissez là, don Raimond, la mort de nos tyrans,
Et rendez seulement don Sanche à ses parents.
Vit-il? peut-il braver nos fières destinées?

[D. RAIMOND

Sortant d'une prison de plus de six années,
Je l'ai cherché, madame, où, pour les mieux braver,
Par l'ordre du feu roi je le fis élever,

Avec tant de secret, que même un second père
Qui l'estime son fils ignore ce mystère.
Ainsi qu'en votre cour Sanche y fut son vrai nom,.
Et l'on n'en retrancha que cet illustre Don.
Là j'ai su qu'à seize ans son généreux courage
S'indigna des emplois de ce faux parentage ;
Qu'impatient déjà d'être si mal tombé,
A sa fausse bassesse il s'était dérobé ;
Que, déguisant son nom et cachant sa famille,
Il avait fait merveille aux guerres de Castille,
D'où quelque sien voisin, depuis peu de retour,
L'avait vu plein de gloire, et fort bien en la cour ;
Que du bruit de son nom elle était toute pleine,
Qu'il était connu même et chéri de la reine :
Si bien que ce pêcheur, d'aise tout transporté,
Avait couru chercher ce fils si fort vanté.

D. LÉONOR

Don Raimond, si vos yeux pouvaient le reconnaître...

D. RAIMOND

Oui, je le vois, madame. Ah ! seigneur ! ah ! mon maître !

D. LOPE

Nous l'avions bien jugé : grand prince, rendez-vous ;
La vérité paraît, cédez aux vœux de tous.

D. LÉONOR

Don Sanche, voulez-vous être seul incrédule ?

CARLOS

Je crains encor du sort un revers ridicule :
Mais madame, voyez si le billet du roi
Accorde à don Raimond ce qu'il vous dit de moi.

D. LÉONOR ouvre l'écrin, et en tire un billet qu'elle lit.

« Pour tromper un tyran je vous trompe vous-même.
« Vous reverrez ce fils que je vous fais pleurer :
« Cette erreur lui peut rendre un jour le diadème :
« Et je vous l'ai caché pour le mieux assurer.

    « Si ma feinte vers vous passe pour criminelle,
« Pardonnez-moi les maux qu'elle vous fait souffrir,
« De crainte que les soins de l'amour maternelle
« Par leurs empressements le fissent découvrir.

    « Nugne, un pauvre pêcheur, s'en croit être le père;
« Sa femme en son absence accouchant d'un fils mort,
« Elle reçut le vôtre, et sut si bien se taire,
« Que le père et le fils en ignorent le sort.
« Elle-même l'ignore : et d'un si grand échange
« Elle sait seulement qu'il n'est pas de son sang,
« Et croit que ce présent, par un miracle étrange,
« Doit un jour par vos mains lui rendre son vrai rang.

    « A ces marques, un jour, daignez le reconnaître;
« Et puisse l'Aragon, retournant sous vos lois,
« Apprendre ainsi que vous, de moi qui l'ai vu naître,
« Que Sanche, fils de Nugne, est le sang de ses rois !

       « DON FERNAND D'ARAGON. »

      D. LÉONOR, après avoir lu.

Ah! mon fils, s'il en faut encore davantage,
Croyez-en vos vertus et votre grand courage.

       CARLOS, à D. Léonor.

Ce serait mal répondre à ce rare bonheur
Que vouloir me défendre encor d'un tel honneur,

    (à D. Isabelle.)

Je reprends toutefois Nugne pour mon vrai père,
Si vous ne m'ordonnez, madame, que j'espère.

D. ISABELLE

C'est trop peu d'espérer, quand tout vous est acquis.
Je vous avais fait tort en vous faisant marquis;
Et vous n'aurez pas lieu désormais de vous plaindre
De ce retardement où j'ai su vous contraindre.
Et pour moi, que le ciel destinait pour un roi
Digne de la Castille, et digne encor de moi,
J'avais mis cette bague en des mains assez bonnes
Pour la rendre à don Sanche, et joindre nos couronne

CARLOS

Je ne m'étonne plus de l'orgueil de mes vœux
Qui, sans le partager, donnaient mon cœur à deux;
Dans les obscurités d'une telle aventure,
L'amour se confondait avecque la nature.

D. ELVIRE

Le nôtre y répondait sans faire honte au rang,
Et le mien vous payait ce que devait le sang.

CARLOS, à D. Elvire,

Si vous m'aimez encore, et m'honorez en frère,
Un époux de ma main pourrait-il vous déplaire?

D. ELVIRE

Si don Alvar de Lune est cet illustre époux,
Il vaut bien à mes yeux tout ce qui n'est point vous.

CARLOS à D. Elvire.

Il honorait en moi la vertu toute nue.

(à D. Manrique et à D. Lope.)

Et vous, qui dédaigniez ma naissance inconnue,
Comtes, et les premiers en cet évènement
Jugiez en ma faveur si véritablement,
Votre dédain fut juste autant que son estime;
C'est la même vertu sous une autre maxime.

D. RAIMOND, à D. Isabelle.

Souffrez qu'à l'Aragon il daigne se montrer,
Nos députés, madame, impatients d'entrer...

D. ISABELLE

Il vaut mieux leur donner audience publique,
Afin qu'aux yeux de tous ce miracle s'explique.
Allons; et cependant qu'on mette en liberté
Celui par qui tant d'heur nous vient d'être apporté;
Et qu'on l'amène ici, plus heureux qu'il ne pense,
Recevoir de ses soins la digne récompense (1).

(1) La grandeur héroïque de don Sanche, qui se croit fils d'un
pêcheur, est d'une beauté dont le genre était inconnu en France ;
mais c'est la seule chose qui pût soutenir cette pièce. Le succès
dépend presque toujours du sujet. Pourquoi Corneille choisit-il
un roman espagnol, une comédie espagnole, pour son modèle,
au lieu de choisir dans l'histoire romaine et dans la fable
grecque? C'eût été un très-beau sujet qu'un soldat de fortune
qui rétablit sur le trône sa maitresse et sa mère sans les con-
naitre. Mais il faudrait que dans un tel sujet tout fût grand et
intéressant. (V.)

EXAMEN DE DON SANCHE D'ARAGON

ETTE pièce est toute d'invention, mais elle n'est pas toute de la mienne. Ce qu'a de fastueux le premier acte est tiré d'une comédie espagnole, intitulée *El Palacio confuso*; et la double reconnaissance qui finit le cinquième est prise du roman de don Pélage. Elle eut d'abord grand éclat sur le théâtre; mais une disgrâce particulière fit avorter toute sa bonne fortune. Le refus d'un illustre suffrage dissipa les applaudissements que le public lui avait donnés trop libéralement, et anéantit si bien tous les arrêts que Paris et le reste de la cour avaient prononcés en sa faveur, qu'au bout de quelque temps elle se trouva reléguée dans les provinces, où elle conserve encore son premier lustre.

Le sujet n'a pas grand artifice. C'est un inconnu, assez honnête homme pour se faire aimer de deux reines. L'inégalité des conditions met un obstacle au bien qu'elles lui veulent durant quatre actes et demi; et quand il faut de nécessité finir la pièce, un bonhomme semble tomber des nues pour faire développer le secret de sa naissance, qui le rend mari de l'une, en le faisant reconnaître pour frère de l'autre :

Hæc eadem a summo expectes minimoque poeta.

D. Raimond et ce pêcheur ne suivent point la règle que j'ai voulu établir, de n'introduire aucun acteur qui ne fût insinué dès le premier acte, ou appelé par quelqu'un de ceux qu'on y a connus. Il m'était aisé d'y faire dire à la reine D. Léonor ce qu'elle dit à l'entrée du quatrième; mais si elle eût fait savoir qu'elle eût eu un fils, et que le roi, son mari, lui eût appris en mourant que D. Raimond avait un secret à lui révéler, on eût trop tôt deviné que Carlos était ce prince. On peut dire de D. Raimond qu'il vient avec les députés d'Aragon dont il est parlé au premier acte, et qu'ainsi il satisfait aucunement à cette règle; mais ce n'est que par hasard qu'il vient avec eux. C'était le pêcheur qu'il était allé chercher, et non pas eux; et il ne les

joint sur le chemin qu'à cause de ce qu'il a appris chez ce pêcheur, qui, de son côté, vient en Castille de son seul mouvement, sans y être amené par aucun incident dont on ait
parlé dans la protase; et il n'a point de raison d'arriver ce
jour-là plutôt qu'un autre, sinon que la pièce n'aurait pu finir
s'il ne fût arrivé.

L'unité de jour y est si peu violentée, qu'on peut soutenir
que l'action ne demande pour sa durée que le temps de sa représentation. Pour celle du lieu, j'ai déjà dit que je n'en par-
lerais plus sur les pièces qui restaient à examiner. Les sentiments du second acte ont autant ou plus de délicatesse qu'au-
cuns que j'aie mis sur le théâtre. L'amour des deux reines
pour Carlos y paraît très-visible, malgré le soin et l'adresse
que toutes les deux apportent à le cacher dans leurs différents
caractères, dont l un marque plus d'orgueil, et l'autre plus de
tendresse. La confidence qu'y fait celle de Castille avec Blanche
est assez ingénieuse, et, par une réflexion sur ce qui s'est passé
au premier acte, elle prend occasion de faire savoir aux spectateurs sa passion pour ce brave inconnu, qu'elle a si bien
vengé du mépris qu'en ont fait les comtes. Ainsi on ne peut
dire qu'elle choisisse sans raison ce jour-là plutôt qu'un autre
pour lui en confier le secret, puisqu'il paraît qu'elle le sait déjà,
et qu'elles ne font que raisonner ensemble sur ce qu'on vient
de voir représenter.

TABLE DES MATIÈRES

Paris. Imprimerie JULES LE CLERE, rue Cassette, 17.

SOCIÉTÉ
BIBLIOGRAPHIQUE
Rue de Grenelle, 35

La Société Bibliographique, fondée le 6 février 1868 et autorisée en date du 29 juillet 1869, a pour but :

"1° De réunir, dans une pensée et dans une action communes, tous les hommes d'intelligence et de cœur qui, ne séparant pas les intérêts de la religion des intérêts de la science, veulent s'opposer aux progrès de l'erreur et travailler à la diffusion des saines doctrines ;

2° De publier et de répandre, au plus bas prix possible, tous ouvrages, recueils périodiques, etc., rentrant dans le programme de la Société ;

3° De faciliter la connaissance des sources : dans le présent, par la publication d'une Revue bibliographique universelle tenant au courant de tout ce qui paraît en France et à l'étranger; dans le passé, en fournissant aux membres de la Société les indications bibliographiques qui peuvent leur être utiles.

Chaque sociétaire paye une cotisation annuelle de dix francs.

Cette cotisation donne droit, entre autres avantages, aux suivants :

1° Se procurer à prix réduit les publications de la Société ;

2° Faire faire, avec remise, ses commissions de librairie par l'agent de la Société ;

3° S'adresser à la Société pour les renseignements bibliographiques dont on a besoin.

Le *Bulletin de la Société Bibliographique* est envoyé gratuitement à tous les Sociétaires.

CLASSIQUES POUR TOUS

Chefs-d'œuvre des littératures française et étrangère.

Volumes in-18, papier vergé, caractères elzéviriens, titres rouge et noir................. » 60
    Cartonnage classique................. » 85
    Cartonnage élégant (genre anglais)..... 1 »

I à IV. CORNEILLE, avec notes par Fr. GODEFROY. 4 vol., dont trois publiés.

V. LA CHANSON DE ROLAND, avec notes par le baron d'AVRIL. 1 vol. (4e édition.)

VI à IX. CHOIX DE LETTRES DE Mme DE SÉVIGNÉ, avec notes, par F. GODEFROY. 4 vol. (2 vol. publiés).

X. PETIT ROMANCERO, choix de vieux chants espagnols traduits et annotés, par le comte de PUYMAIGRE. 1 vol.

XI à XII. LES PSAUMES, traduction nouvelle, avec commentaire, par A. J. CLERC. 2 vol.

XIII. CONSIDÉRATIONS SUR LA FRANCE, par J. DE MAISTRE, avec préface de M. René BAZIN. 1 vol.

XIV. LES POÈTES DU FOYER, poésies allemandes, traduites avec préface et notes de M. Ch. DUBOIS. 1 vol.

XV. MAXIMES ET RÉFLEXIONS MORALES de LA ROCHEFOUCAULD, avec notes de M. Jules LEVALLOIS. 1 vol.

Quelques exemplaires de chaque volume sont tirés sur papier de Hollande. Prix 2 50

Paris. — Imp. JULES LE CLERE, rue Cassette, 17.

www.ingramcontent.com/pod-product-compliance
Lightning Source LLC
Chambersburg PA
CBHW072038090426
42733CB00032B/1952